時代劇が前衛だった

牧野省三、衣笠貞之助、伊藤大輔、伊丹万作、山中貞雄

古賀重樹
Shigeki Koga

淡交社

目次

プロローグ　揺籃の地、京都

新しもの好きの古都

京都は日本映画の揺籃の地である。

そもそも日本で最初に投影式の映画「シネマトグラフ」が上映されたのが京都である。最初の劇映画が牧野省三（まきのしょうぞう）によって撮られたのも京都であった。草創期から撮影所が次々と作られ、時代劇を中心に新機軸を続々と生み出した。

なぜ京都なのか。二つの理由を考えてみた。

一つは京都という町に元来備わる革新性である。伝統が息づく古都は、見かけによらず進取の気性に富む。

革新性は京都が古くからのものづくり都市であることに根ざす。平安時代から宮廷に工房が作られ、高い技術をもつ職人が町に集まってきた。江戸時代には商業都市・大坂、消費都市・江戸に対して、京は工業都市としての確固たる地位を占めた。そのＤＮＡは京セラ、村田製作所、日本電産、オムロン、ロームなどオンリーワンの技術をもつハイテク企業が集積する現代まで引き継がれている。絶えざる技術革新がこの町を支えた。

「京都のベンチャー企業が急成長できたのは古くからの知の蓄積があったからだ。我々はヘリコプターで8合目まで楽に登ることができた」

堀場製作所の創業者、堀場雅夫さんはそう話していた。京セラや村田製作所は清水焼の技術を電子部品に生かした。ＳＣＲＥＥＮホールディングスは銅版画の技術を半導体製造装置に発展させた。島津製作所は仏具、村田機械は西陣織、任天堂は花札にルーツがある。

フランスのリュミエール兄弟▼が発明したシネマトグラフが日本で初めて商業公開されたのは１８９７年2月15日。場所は大阪の南地演舞場であった。これに先立ち、同年2月に京都で試写をしたのが最初の上映とされる。輸入したのは京都の実業家、稲畑勝太郎（いなばたかつたろう）▼である。

リュミエール兄弟　兄オーギュスト（1862-1954）、弟ルイ（1864-1948）。シネマトグラフの発明者。初期の作品に『工場の出口』『ラ・シオタ駅への列車の到着』『水をかけられた撒水夫』など。ジレルらリュミエール社の映写兼撮影技師は世界各地で実写映画を撮った。

稲畑勝太郎（1862-1949）　実業家。リヨンで染色技術を学び稲畑染料店（現・稲畑産業）創業。軍服用カーキ染を考案。大阪商工会議所会頭、貴族院議員。日仏文化交流に尽力。

試写会場となったのは四条河原。木屋町通り蛸薬師下ルの元立誠小学校があった場所である。現在は複合商業施設「立誠ガーデン ヒューリック京都」となっている。当時は電力会社、京都電燈の庭だった。『稲畑勝太郎君伝』（高梨光司編著）によると、技術的な問題のために上映はなかなかうまくいかず、「島津製作所に依頼し、適当の変電器を製作させ、数回試験した結果、辛うじて公開を為し得るまでの自信が出来た」という。

稲畑は１８７７年に、京都府の派遣留学生として染色技術の習得のためフランスのリヨンに留学した。帰国後は渋沢栄一らとともに京都織物会社の創設に参画。その後、稲畑染料店（現在の稲畑産業）を創業した。さらにモスリンの国産化を目指して１８９６年に再渡仏。この時にリヨンの工業学校で同窓だったオーギュスト・リュミエールに再会する。

リヨンの写真館の息子であったオーギュストは弟のルイとともに、スクリーンに投影する現在の映画の原型「シネマトグラフ」を発明していた。前年末の１８９５年12月28日にパリ・カプシーヌ通りのグラン・カフェで世界初の興行を成功させたばかりである。オーギュストはこれを稲畑に見せた。

稲畑は「科学の発達と文化の躍進」(『稲畑勝太郎君伝』)に驚嘆、日本でのシネマトグラフの配給権を獲得した。映写機とフィルムを手に入れ、フランス人の映写技師フランソワ・コンスタン・ジレルを伴って1897年1月に帰国した。

京都の染織業者とリヨンの映画発明者の出会いは偶然に過ぎない。ただそんな二人が出会ってもなんら不思議ではないという歴史的条件は整っていた。

リヨンは工業化が進展した19世紀前半以来、ヨーロッパ最大の繊維工業都市となっていた。前述したように京都もまた古い伝統をもつ工業都市である。東京遷都後は危機感をバネに、織物、染物、焼物などの近代化に活路を見いだそうとしていた。京都府が若き稲畑をフランスに送り出したのもそのためだ。

そんな稲畑が19世紀末の最先端技術である映画と出合った。

明治維新後の京都の近代化への取り組みは、他のどの都市よりも早かった。琵琶湖疏水(そすい)を建設して利水と発電を実現し、日本で初めて路面電車を走らせた。稲畑が四条河原の試写で頼った島津製作所もこの時期に発展した京都の先進企業である。技術と知的財産の集積地である京都は本来、新しもの好きなのだ。

第4回内国勧業博覧会はこの時期の京都の革新性を象徴するイベントだった。

開かれたのは1895年。リュミエール兄弟のシネマトグラフ発明の年である。会場となったのは琵琶湖疎水が引かれた地、岡崎。遷都1100年を記念して創建された平安神宮の地鎮祭では、大鳥居が電飾で輝いていたという。

映画研究者、長谷憲一郎の論考「日本における稲畑勝太郎のシネマトグラフ事業再考」（2020年）は新たに発見された稲畑のリュミエール兄弟宛ての書簡から、シネマトグラフ事業の内実を明らかにするとともに、この第4回内国勧業博覧会を重要な前史として位置づけている。

稲畑のシネマトグラフ事業で重要な任務を担った人物が二人いる。東京方面の興行を任された横田永之助▼と東京以外の興行を任された野村芳国（1855〜1903）だ。横田永之助は稲畑と同時に京都府派遣留学生となった横田万寿之助の弟。野村芳国は浮世絵や芝居の絵看板などを描いていた絵師である。後に横田永之助は横田商会を立ち上げて本格的な映画製作を開始、さらに4社合併による日活の創立に参画した。野村芳国の息子で稲畑の事業にも従事した野村芳亭▼は、長じて松竹蒲田撮影所の所長となった。映画監督・野村芳太郎の父である。

稲畑勝太郎、横田永之助、野村芳国。長谷によると、この3人がすでに博覧会

横田永之助（1872–1943）シネマトグラフ興行に携わった後、横田商会を設立し巡回上映、映画製作を手がける。12年福宝堂、吉沢商店、M・パテー商会と合併した日本活動写真（日活）で取締役。27年社長。

野村芳亭（1880–1934）21年から松竹蒲田撮影所長として松竹現代劇の基礎を築く。24年に下加茂撮影所長に転出。26年に蒲田に戻り筆頭監督として大作娯楽映画を手がける。

の内外でかかわっていた。稲畑は博覧会の工業部門の審査官を務めていた。芳国は博覧会の場外のアトラクションであるパノラマ館の絵を製作した。巨大なジオラマのような光学的視覚装置による見世物だったという。永之助も博覧会の表門前で幻燈（げんとう）のような光学装置を使った見世物「不思議館」を興行した。

長谷は「実業家である稲畑は芳国と横田のスクリーン・プラクティスの経験に目をつけ、二人を抜擢し、映画興行および映画撮影の実践に有効的に活用したと言える」と結論づける。

最先端の工業技術と最新のスペクタクルは映画渡来の2年前、京都ですでに隣り合っていた。光の時代の到来を予見するかのように。

多様な人材が集まり実験する

もう一つの理由は、さまざまな外来者を受け入れる開放性である。

京都人というと「いけず」な閉鎖性がよく指摘されるが、それはそれだけ外部からの来訪者が絶えないことを意味する。古来、この町には時の権力者がやってきて、君臨しては、去っていった。多くの職人や芸人が諸国から集まってきて、新しい技術や芸術を生み出した。近代以降も大学都市として多くの頭脳を全国から集め、独創的な研究に取り組んだ。都は常に新陳代謝しているのだ。

映画史を振り返ると、一つの契機となったのが１９２３年の関東大震災である。東京の撮影所が軒並み被災し、多くの映画人が京都に移ってきた。日活向島撮影所の閉鎖を機に京都の日活大将軍撮影所に移った溝口健二▼と村田実▼はその代表例だ。本書で取り上げる衣笠貞之助と伊藤大輔が関西に移ってくるのも、関東大震災と相前後する時期である。

衣笠は女形として活躍した日活向島を辞めた後、国際活映を経て、映画と舞台を連動させる連鎖劇の巡業公演をしていた１９２３年に、京都の牧野省三に招かれて監督に専念する。

伊藤は松竹蒲田の脚本家として活躍した後、監督を志して入った帝国キネマ東京撮影所が震災で閉鎖。帝キネ芦屋撮影所に移って１９２４年に初メガホン。その後、日活京都で時代劇を撮るようになる。

東京での流行挿絵画家の地位をなげうって、故郷・松山で画業に専念した伊丹

溝口健二（1898–1956）映画監督。20年日活向島に入社。震災後、京都に移り『紙人形春の囁き』『日本橋』を監督。日活退社後『滝の白糸』『浪華悲歌』『祇園の姉妹』『残菊物語』を手がける。戦後は『西鶴一代女』『雨月物語』『山椒大夫』『近松物語』などで、世界的監督となる。

村田実（1894–1937）映画監督。純映画劇運動の一翼を担い、21年に松竹キネマ研究所で『路上の霊魂』を監督。日活向島を経て京都へ移り『街の手品師』を撮る。36年日本映画監督協会の初代会長となる。

万作が挫折して、旧友・伊藤大輔の京都の家に転がり込むのは、これより少し遅れて、1927年のことである。

この1920年代半ばという時期に、京都の撮影所が強力な磁場として多くの人材を引き寄せていたのは確かだ。震災後いち早く再開した松竹蒲田を除けば、東京での製作は低調だった。

京都の撮影所の活気は監督たちの創作意欲に火をつけた。堰(せき)を切ったように斬新な映画が続々と生み出された。伊藤大輔しかり、衣笠貞之助しかり、溝口健二しかり。多くのフィルムが散逸し、現在はごく一部しか見ることができないが、残されたフィルムにそのエネルギーと実験精神はくっきりと映り込んでいる。

その性格は同時期のもう一方の拠点であった松竹蒲田のモダニズムと対照的といえるかもしれない。1924年に蒲田撮影所長となった城戸四郎(きどしろう)▼は西洋料理店・上野精養軒の創業者の息子で、府立一中、一高、東京帝大出というモダンボーイ。監督として「蒲田調」を支えた島津保次郎、五所平之助、小津安二郎、成瀬巳喜男も東京生まれ、東京育ちだ。彼らはアメリカ映画に範を取った洗練されたスタイルを生み出した。

城戸四郎（1894-1977）　21年松竹入社、24年蒲田撮影所長。五所平之助、小津安二郎らを登用、蒲田調、大船調を生む。メロドラマ『愛染かつら』『君の名は』がヒット。54年社長。

これに対し、同時期の京都の映画人の出自ははるかに多様である。衣笠は三重県生まれの旅回り役者。伊藤と伊丹は旧制松山中学の同窓生だが、伊藤は文学好き、伊丹は美術志向で、それぞれに流転を経て京都に流れ着いた。溝口健二も、内田吐夢（うちだとむ）▼も、稲垣浩▼も京都の人ではない。

多種多様な人材が集まるというのは、映画という新しい表現ジャンルの宿命でもあった。文学者や演劇人や美術家と映画人との垣根は今よりはるかに低かった。監督たちもそれぞれに演劇、文学、美術など他のジャンルへの傾倒や体験を経て、映画の世界に入ってきた。そんなさまざまなバックグラウンドをもつ人たちが作り出す自由闊達さが、まだ若い芸術である映画のダイナミズムであった。

日本映画の青春期

東京と京都の対比についてもう一つ付け加えるとしたら、現代劇と時代劇という二つのジャンルの特性の違いがある。東京では主に現代劇、京都では主に時代劇が作られた。いわゆるメロドラマが多い現代劇は、セリフを重んじる演劇や文

内田吐夢（1898–1970）映画監督。岡山市生まれ。20年大正活映で俳優となり、21年牧野教育映画に移る。日活京都で『生ける人形』、日活多摩川で『限りなき前進』『土』を監督し、45年に満州映画協会へ。53年に帰国後東映で『血槍富士』『大菩薩峠』『宮本武蔵』『飢餓海峡』を撮る。

稲垣浩（1905–1980）映画監督。俳優として日活向島に入り、震災後京都へ。衣笠貞之助『十字路』の助監督などを経て、伊藤大輔の推薦で片岡千恵蔵プロに入り、伊丹万作脚本『天下太平記』で初メガホン。山中貞雄とともに鳴滝組で活動。監督作に『無法松の一生』『宮本武蔵』。

学から距離を置くことが容易ではない。一方、チャンバラ中心の時代劇ははなからアクションが重視されたので、画面で語る映画独自の表現をより純粋に追求できた。牧野が、伊藤が、山中貞雄が、次々と新しい映画の地平を切り拓いたのは、時代劇こそが前衛だったからだ。

作家の五木寛之は京都を「前衛都市」と呼んだ。異国渡来の人や文物に対して寛容で、常に新しさを求めてきた。外部の異才、在野の俊才を育てる懐の深さがあった。古いものが重石となって前衛を取り込んできた。五木が指摘するそんな前衛性こそが、京都映画の基調にあるのではないだろうか。

５人のうちで最も若い山中貞雄だけが京都の洛中の出身だが、これも暗示的だ。山中が生まれたのは１９０９年。全国の盛り場に常設の映画館ができはじめた時代だ。生まれたころから映画館があった最初の世代といえる。山中は映画を浴びるように見て育ち、脇目もふらず一直線に映画に突き進んだ。いわば最初のシネフィルである。山中こそはさらに新しい映画を切り拓く最前線に立っていた。その戦地での夭折（ようせつ）をもって、日本映画の青春期を体現した京都の物語を閉じることにした。

本書は日本経済新聞の美術連載「美の美」および「美の粋」に発表した文章を改稿、再構成したものである。やはり「美の美」をもとにした前著『1秒24コマの美　黒澤明・小津安二郎・溝口健二』(日本経済新聞出版社)に連なるもので、いわばその京都篇といった側面をもつ。同時期の京都で活躍した映画作家として溝口健二は欠かすことができない偉大な存在だが、そういう事情で本書では割愛した。同じく極めて重要な監督であるマキノ雅弘については、戦前の作品を中心に、牧野省三の章で言及する。

執筆は伊丹、衣笠、牧野、山中、伊藤の順だったが、書籍化にあたり時代を追えるように生年順に並べ替えた。ただ、もともとエピソードを中心とした個々の映画作家の物語なので、どの章から読んでいただいても構わない。新発見のフィルムや資料、執筆時に存命の関係者の証言を中心に構成し、現代の読者が彼らの作品を再発見するきっかけとなることを意識して、各章ごとにわかりやすいテーマを設定した。

前著では3人の巨匠と美術とのかかわりに重点を置いたが、今回はより幅広い芸術や社会との関係に目を配った。一冊にまとめてみて、浮かび上がってきたのは5人の映画作家の共通項である京都という土地の底知れぬ魔力である。5人ともそれぞれに自らを恃(たの)み、未踏の荒野へと踏み出した冒険者であった。その背中を押したのが、まぎれもない前衛都市、京都ではなかったか。

2008年から2010年の京都赴任中に溝口篇に取り組んだ筆者にとって、残る京都の映画人たちについて書くことは東京に戻っての宿題となった。怠惰ゆえに10年以上の時が経ち、少なからぬ取材先が鬼籍に入った。熱心に語ってくれたその方々への恩返しのためにも、スクリーンでの鑑賞の機会が決して多いとはいえない5人の名匠の作品が少しでもたくさんの人に見られるようになることを祈っている。

〈凡例〉

●本書の第1章から第5章は、2013年から2021年にかけて日本経済新聞日曜付朝刊の「美の美」および「美の粋」に不定期で連載されたものに、加筆、修正を施したものである。各章の初出は以下。

1章（牧野省三）2015年4月12日～26日
2章（衣笠貞之助）2013年8月4日～18日
3章（伊藤大輔）2021年3月21日～4月4日
4章（伊丹万作）2012年2月5日～19日
5章（山中貞雄）2018年10月21日～11月4日

●本書で引用した文献には、書籍、論文、エッセイ等が含まれている。出典については巻末の参考文献一覧を参照して欲しい。

第1章

日本映画の開拓者　牧野省三

Ⅰ　弾む身体、松之助再発見

監督、プロデューサーとして日本映画の黎明期を切り拓いた男、牧野省三（まきのしょうぞう）（1878〜1929）。わが国最初の映画スター「目玉の松ちゃん」こと尾上松之助（おのえまつのすけ）を世に出し、その後も絶えず自己革新を続けながら多くの後進を育てた。

軽やかな超絶アクション

怪力の千太（尾上松之助）が「成田道」と書かれた道標を引っこ抜き、刀を抜いた3人の侍を撃退する――。そんな冒頭から、体を張ったアクション、アクションまたアクションである。

江戸の火消し「よ組」に入った千太は、奪われた纏（まとい）を取り戻そうと奮闘する。

『雷門大火 血染の纏』（1916年、日活京都、監督不詳）
千太（尾上松之助）は、よ組の頭に認められ、組に入って活躍する。しかし敵対する組との抗争の末、島流しの刑に。千太は脱獄し、あだ討ちに走る（早稲田大学演劇博物館所蔵）

やぐらをよじ登り、鳶口で敵を倒す。飛び降りて、敵を蹴散らす。

流刑先から脱獄し、あだ討ちに走る終盤の海辺のシーンはもっとすごい。縄を伝って絶壁を降り、磯を跳ねる。岩場で斬り合い、敵を海に落とす。波打ち際を走りに走り、舟で大波の中へ漕ぎ出す。

1916年に日活京都で製作された『雷門大火　血染の纏』(監督不詳)である。北海道の興行者・九島勝太郎が戦後、早稲田大学演劇博物館に寄贈し、16ミリフィルムとして長らく保管されていたものだ。2013年秋に上映用プリントが複製され、ようやく日の目を見た。3巻、45分(1秒12コマで上映の場合)のフィルムで「タイトルやクレジットが抜けているが、映画雑誌に掲載されたあらすじから類推すると、ほぼ全体とみられる」(演劇博物館)。

尾上松之助▼の主演映画は「1000本以上作られた」(日本大学元教授の田島良一さん)といわれるが、フィルムが現存するのは数本にすぎない。松之助を見いだした牧野省三自身の監督作は『忠臣蔵』(1910〜12年、横田商会)と『豪傑児雷也』(1921年、日活大将軍)くらい。松之助の全盛期とされる1910年代半ばの作品で、ほぼ完全な形で残っているものはなかった。

尾上松之助(1875-1926) 俳優。09年牧野省三監督『碁盤忠信源氏礎』で映画初出演。「目玉の松ちゃん」と親しまれ、初の映画スターに。横田商会、日活で英雄・豪傑を演じる。

「私たちは本当の松之助を知らなかった」と感嘆したのは国立映画アーカイブ主任研究員の冨田美香さん。ドロンと姿が消える忍術シーンは『豪傑児雷也』で見られるが、この時の松之助はもう40代後半。すでに大家といえる。「1920年代の数本だけでは松之助のイメージを間違ってしまう」と冨田さんは指摘する。

確かにそうだ。『豪傑児雷也』も『渋川伴五郎』（1922年、日活大将軍、築山光吉監督）も、松之助の立ち回りはえらくゆっくりで様式的だ。背筋を伸ばし、裾を乱さず、舞のように斬り、舞のように相撲を取る。まるで歌舞伎のように。

一方、横田商会の『忠臣蔵』が撮られた松之助初期の1910年代初頭は、まだ舞台をそのまま再現して撮っていたような時代だ。大半のシーンは、背景が書き割りで、カメラは据え置き。ショットの切り替えも少ない。

ところが『雷門大火　血染の纏』は違う。岩の上をぴょんぴょん跳んだり、絶壁を這い降りたり。実景の中で松之助の身体が軽やかに躍動する。「松之助のアクションスターとしての魅力が伝わってくる」と冨田さん。

松之助は岡山出身の旅回りの役者だった。「『トンボ松』と言われる程、身軽な芸は田舎巡り役者に特有の見物を引きつける力があった」（桑野桃華編『日本映画の父（マキノ省三伝）』）という。そんな身の軽さの片鱗が表れているのだ。

牧野省三は明治11年（１８７８年）、京都府北桑田郡山国村（現・京都市右京区）に生まれた。父、藤野斎（ふじのいつき）は戊辰（ぼしん）戦争で官軍に参加した農兵隊「山国隊」の幹部。母、牧野弥奈（やな）は京都の左官屋の娘である。

省三はこの母に育てられた。弥奈は寄席を開き、西陣の旦那衆に義太夫（ぎだゆう）を教えていた。弥奈と省三は１９０１年に地所内の劇場・千本座を買収。母子で経営に乗り出す。

プロローグで述べたように１８９７年2月に日本で初めてシネマトグラフを商業公開した稲畑勝太郎は、友人の弟の横田永之助に興行を任せた。横田はその後、１９００年のパリ万博におもむいて映画の発展ぶりに驚き、自ら映画を輸入して巡回興行をはじめる。１９０３年には横田商会を設立。日露戦争の記録映画が大当たりし、劇映画の製作にも進出する。

活動写真の興行で千本座を借りたことがあった横田は、省三に映画作りを依頼する。芝居に詳しく、役者も抱えていたからだ。

省三が最初の作品としているのが『本能寺合戦』（1908年）。日本で最初の劇映画とされる作品である。千本座に出演中の一座を使い、京都市左京区の真如(しんにょ)堂(どう)の境内で撮った。横田が提示した製作費は1本30円だったという。今の貨幣価値に換算すると30～60万円くらいか。

松之助と省三の出会いには諸説ある。金光教の信者だった省三が1909年に岡山の本部に参詣したおりに、松之助一座の芝居を見て発見したとの記述が『日本映画の父（マキノ省三伝）』にあり、田中純一郎▼『日本映画発達史』もこの説をとる。長男のマキノ雅弘の自伝『映画渡世・天の巻』には、金光教の生神さまが「いい役者がみつかるぞ」と教えてくれた、とある。

千本座の前を通る尾上松之助の葬列（1926年、京都市上京区千本通一条上ル）。日本最初の映画スターを約20万人が見送ったという（京都文化博物館所蔵）

しかし『尾上松之助自伝』の記述は違う。松之助は1905年に大阪の九条繁栄座で省三に初めて会ったとしている。当時の新聞にも１９０６年正月に松之助一座が千本座に出演した記録がある。「１９０５年に省三と出会っていたことは疑う余地がない」と田島さん。

省三に関する文献は、このようにややオーバーに脚色した部分があり、過信は禁物だ。しかし省三が時代のうねりの中の風雲児であったことは間違いない。

田中純一郎（1902-1989）映画史家、映画評論家。キネマ旬報編集長、日本大学芸術学部講師を歴任。著書に『日本映画発達史』全5巻など。

実地と外国映画で学んだ撮影術

児雷也（尾上松之助）が胸の前で指を組んで「印」を結ぶと、姿が消える。白煙とともにドロンと敵中に現れ、十数人の侍と斬り合う。パッと消えるや、敵の頭上に瞬間移動。また消えたと思ったら、巨大なガマとなって現れる。

『豪傑児雷也』はそんな忍術場面がたっぷり楽しめる。歌舞伎の題材だが、人物が瞬時に消えたり、現れたりするのは、映画にしかできない表現だ。

斬り合いの撮影の途中でカメラを止め、役者の動きも止める。児雷也だけを退場させ、再びカメラを回す。すると児雷也が消えたように写る。児雷也とガマを

（左頁）
『豪傑児雷也』（１９２１年、日活大将軍、牧野省三監督）
廊下の突き当たりに児雷也（尾上松之助）が突然現れる㊤。児雷也が消えた！　と思ったら背中の上に大ガマとなって現れた㊦。（国立映画アーカイブ所蔵）

入れ替えれば、変身したかのように写る。「止め写し」というトリック撮影だ。トリック撮影の創始者とされる『月世界旅行』（１９０２年）のジョルジュ・メリエス▼も使った手法だが、省三はこれを駆使した忍術映画で松之助を大スターにした。子どもたちのあいだに忍術ごっこが大流行し、高い所から飛び降りてケガをする子が続出したという。

松之助映画に子役として出演していたマキノ雅弘▼（省三の息子で、後に監督）によると、省三はこの手法を偶然発見したという。ある作品でフィルムをつないだら、数人いた腰元の一人が煙のように消えていた。フィルム替えのすきにその腰元が小用に立ち、その間に一人足りないのに気づかず、撮影を再開したからだ（『カツドウ屋一代』）。

真偽はともかく、省三が現場で試行錯誤しながらさまざまな技法を体得したのは確かだろう。「わしは豪（えら）い人の言葉でも、ようないと思うた事はめったに使わんけどなあ、相手がどんな人の話でも、ええ事やったら一遍試してみるのや」。省三の言葉を監督の金森万象（かなもりばんしょう）▼は述懐している（『日本映画の父』）。

面白いのは省三流の映画用語だ。「ハットバック」はカットバック（複数ショッ

ジョルジュ・メリエス（1861–1938）　パリの奇術師だったが、リュミエール兄弟のシネマトグラフ興行に触発され、トリック撮影を駆使した映画を製作。『月世界旅行』（02年）など。

マキノ雅弘（1908–1993）　映画監督。28年『浪人街　第一話　美しき獲物』で注目される。早撮りの名手として膨大な娯楽映画を撮る。『鴛鴦歌合戦』『殺陣師段平』『次郎長三国志』シリーズ、『日本侠客伝』シリーズなど。正博、雅弘、雅裕、雅広と4度改名。

金森万象（1893–1982）　映画監督。雑誌記者から牧野省三に乞われ日活入り。ミカド商会からマキノプロまで牧野と行動をともにし『佐平次捕物帳之内　浮世絵師　紫頭巾』（23年）を監督。寿々喜多脚本作品や小唄映画を手がける。

トを交互に切り返す技法）のことで「ハッと変わるから」。「ランプトシン」はラストシーン。「ランプの芯が無（の）うなったら、すうっと消えてしまうさかいな」。外国語の知識などなくとも、映画の奥義は画面から学べるのだ。

当時、シナリオはない。あるのは段取りと場面割りを書いた「段取帳」だけ。セリフは省三の頭の中にあり、役者に口で伝えた。段取帳は省三が助手に口述筆記させた。役者の中から読み書きのできる者が選ばれ、監督助手を経て監督になった。「省三はセリフだけでなく、演技も自らやってみせた」（『カツドウ屋一代』）。

雅弘はそんな父の資質を継ぎ、後に監督として高倉健や藤純子に演技をつける時も、自分でやってみせたという。

大人気となった松之助映画だが、時の知識人からは「低俗な一個の玩具」（田中純一郎）と軽蔑された。例えば演劇評論家の坪内士行（つぼうちしこう）はこう書く。

「もう二度と日本の活動写真を見まいと思った。あんな俳優がどうして人気があるかと思うと、私等には凡（ほとん）ど想像が出来ないが、多分日本の活動写真が下層社会の専有物になって居る為だろう」（『活動之世界』１９１６年５月号）

しかし本当にそうだろうか。『雷門大火　血染の纏』は今見ても面白いではないか。

活動写真弁士の澤登翠（さわとみどり）さんは、松之助映画の「ノリ」を指摘する。「驚くべき身体能力がある。力を込めているはずなのに表情は変えず、ノってやっている」

冨田さんは松之助映画の魅力を二つあげる。一つは「忍術シーンに見られるメリエス的な面白さ」。消えたり現れたり、雲に乗って飛んだり、着ぐるみのガマと大蛇とナメクジが戦ったり。もう一つは実景を背景にしたアクションの面白さ。「ロケーション撮影を生かしたリアルなアクションは、１９１０年代前半の旧劇にはあまりない」と言う。

そこには「１９１０年代半ばに日本で盛んに公開された欧米の連続活劇▼の影響がある」と冨田さんは考える。

省三は１９２１年に松之助と決別する。日活を退社し、独立。やがて「牧野」を「マキノ」と改めた省三は、歌舞伎調の様式的な立ち回りから脱し、よりリアルなアクションを志向した。そして阪東妻三郎（ばんどうつまさぶろう）▼という新しい剣劇スターを生み出す。

連続活劇　一つの物語が12〜36話ほどで構成され、ほぼ週替わりで上映されたシリーズ映画。多くは新聞や雑誌に連載された犯罪小説が原作。『ジゴマ』『ファントマ』などが人気を得た。

阪東妻三郎（1901-1953）　俳優。23年マキノ映画製作所に入社し剣戟スターに。25年阪妻プロを起こして『雄呂血』で主演。トーキー後は37年マキノ正博『恋山彦』2部作で再起。稲垣浩『無法松の一生』（43年）、伊藤大輔『王将』（48年）、木下恵介『破れ太鼓』（49年）など。

『ロビンフッドの夢』（1924年、東亜等持院、金森万象監督）
フィルムは現存しないが、高木新平が活動狂の青年となって、米国映画『ロビン・フッド』（1922年）のダグラス・フェアバンクスばりの離れ業を見せたという（立命館大学ARC提供〈T07-01-031〉）

冨田さんはそこにも「ダグラス・フェアバンクス▼のアクロバティックな剣劇の影響」を見る。フェアバンクスはマキノが配給していた米ユナイテッド・アーティスツ作品の大スター。俳優の市川小文治によるとマキノ映画の立ち回りの基本は「突き、引き、ジャンプ」というフェンシング風のものだった。

省三が作った日活の俳優養成所で学び、マキノにつき従った高木新平▼は「日本のダグラス・フェアバンクス」と呼ばれた。フィルムが現存する『争闘』（１９２４年、東亜等持院、金森万象監督）では、神戸旧居留地の大阪商船ビル屋上から隣のオリエンタルホテルに跳び移るという、度肝を抜くシーンが見られる。

アクションは映画の根源的な要素。松之助から高木新平へと連なる超人的アクションの系譜に、マキノ映画の一つの水脈がある。

ダグラス・フェアバンクス（1883-1939）　サイレント期に活躍した米国の活劇スター。グリフィス、チャップリン、メアリー・ピックフォードとユナイテッド・アーティスツを設立。出演作に『奇傑ゾロ』『ロビン・フッド』『バグダッドの盗賊』など。

高木新平（1902-1967）　俳優。日活の俳優養成所から牧野教育映画へ。ダグラス・フェアバンクスの『奇傑ゾロ』を翻案した『快傑鷹』でスターに。「鳥人スター」として一世を風靡する。

Ⅱ　リアルな殺陣と反逆精神

日活を飛び出した牧野省三は、歌舞伎の型を脱したリアルな剣劇を創造する。勧善懲悪の旧劇ではない反逆精神が息づく時代劇だ。阪東妻三郎をはじめスターを続々と生み出し、寿々喜多呂九平（すすきたろくへい）▼ら若い脚本家も集まった。

憤り、悩み、破滅するヒーロー阪妻

阪東妻三郎はトボトボと歩いていく。肩を落とし、うつろな表情で。

『雄呂血』（1925年、阪妻プロ、マキノ省三総指揮、二川文太郎監督）の主人公、若侍の久利富平三郎が行く先々で遭遇するのは、この世の不条理だ。

平三郎は快活な青年だった。ところが、家老の息子・浪岡が酒席で絡んでくる。

寿々喜多呂九平（1899-1960）脚本家。22年に牧野教育映画入り。23年『佐平次捕物帳之内浮世絵師　紫頭巾』がヒット。25年『雄呂血』で阪東妻三郎をスターに押し上げる。

権勢を笠に着て、酒を強要する。断った平三郎を浪岡が侮辱し、乱闘になる。

一同が浪岡の肩をもつ証言をしたために、平三郎だけが責めを負う。平三郎の品性について悪い風評が立つ。往来の誰もが避けていく。思いを寄せる師の娘・奈美江にまで疎(うと)んじられる。

侍たちが主君、師、奈美江の陰口を言う。激昂し斬りかかる平三郎。師の名誉を守るための行動だったのに、破門される。誤解を解こうと師の邸に忍び込むと、奈美江に「嘘つき」と叫ばれる。師に泥棒呼ばわりされ、浪人の身に。

落ちぶれた平三郎。髪は乱れ、服はボロボロで、子どもからも嘲笑される。試練は続く。宿屋をゆすったと勘違いされ、駆けつけた役人と争い、入獄。仲間の悪事を止めようとしたら、役人に踏み込まれ、再び入獄。奈美江に似た町娘恋しさに脱獄するが、新妻となった娘の姿を垣間見て、石を抱いて泣く……。

「阪妻は正しいことを言うたび、恨まれ悪人にされる。縛り上げられ、引っ立てられる。勧善懲悪のヒーロー尾上松之助とは正反対のアンチヒーローだ」と田島良一さんは見る。「男性にとっては剣劇王だけど、女性にとってはかわいい人。邪気のない笑顔は無垢(むく)な魂を表現している」と澤登翠さんは語る。

『雄呂血』（1925年、阪妻プロ、マキノ省三総指揮、二川文太郎監督）
十手をもった捕り方に囲まれて、追い詰められる平三郎（阪東妻三郎）。「乱闘劇」という言葉を生んだ映画史に残るクライマックスの斬り合い（国立映画アーカイブ所蔵）

冨田美香さんが指摘する阪妻の第一の特徴は「激情型」。女性に対して報われない恋をし、体制に対して憤り、反逆する。恋愛に悩み、破滅する侍など、それまで描かれてこなかった。もう一つは「やせて、背が高いこと」。小柄で顔の大きい松之助とは対照的だ。長身をフルに使ったアクションが、そのまま激烈な感情表現につながっている。捕り方に囲まれてのマゾヒズム的なアクションでは、体の線も身なりも崩れる。たまりにたまった怒りと悲しみが爆発する『雄呂血』の大詰めの立ち回りでは、前をはだけ、ふんどし丸出しで闘う。

「役の設定も、身体の魅力も、松之助にはないものだ」と冨田さん。無敵のヒーロー松之助は絶対に負けない。これに対し、阪妻は弱っている。弱った人間がどんどん追い込まれていき、ついに立ち向かう。

映画固有の表現を

『雄呂血』の脚本家・寿々喜多呂九平が最初に書いたシナリオが『佐平次捕物帳之内　浮世絵師　紫頭巾』（１９２３年、マキノ等持院、牧野省三総監督、金森万象監督）である。歌舞伎を引きうつした「旧劇」に代わり、映画固有の表現に根ざした新しいジャンル「時代劇」をマキノが確立したとされる作品だ。

フィルムは現存しないが、シナリオは残されている。江戸随一の目明かし（岡っ引き）の佐平次が、旗本屋敷で強盗・惨殺を繰り返す紫頭巾の正体に迫る。

寿々喜多は岡本綺堂の▼小説『半七捕物帳』とユニヴァーサル社の連続活劇『紫の覆面』を下敷きに脚本を書いた。そこには「当時流行していた欧米連続活劇や、大衆文学の探偵推理小説の手法が導入されている」と冨田さんは指摘する。加えて田島さんは、豊臣の残党が幕府の転覆を図るという物語に「反権力、反体制のニヒリズムがある」と見る。

神出鬼没の江戸の義賊を描く『江戸怪賊伝　影法師』（1925年、東亜マキノ、二川文太郎監督）も「アルセーヌ・ルパンを意識しているのは明らか」と冨田さん。主演の阪妻は「恋をして苦悩する自我をもった男。その悲しみが切ない」と澤登さん。

冨田さんは、日活を飛び出して以後のマキノ映画の特徴を、「覆面や超人的アクションなど見世物的要素を取り入れたスピーディーな展開とアクション主体の

岡本綺堂（1872–1939）　劇作家、小説家。戯曲に『修善寺物語』『番町皿屋敷』など。小説『半七捕物帳』はドイルの探偵小説「シャーロック・ホームズ」ものの影響を受けている。

活劇映画」と定義する。登場人物は松之助のような講談的英雄と異なり「直情的、反逆的、退廃的なナルシストで、豹のような敏捷性を備えている」（『マキノ映画時代劇』）。

そんなマキノ映画の推進力となったのが、阪妻や月形龍之介ら若い俳優たちであり、寿々喜多、西条照太郎、山上伊太郎▼ら若い脚本家たちだった。『紫頭巾』の時、寿々喜多は24歳、端役の阪妻は22歳。二人は同じ下宿に住んでいた。

寿々喜多呂九平脚本の『逆流』（１９２４年、東亜等持院、二川文太郎監督）で阪妻が演じる若侍も不運だ。家老の息子に母を殺され、姉の貞操を奪われ、思慕する女をめとられる。婚礼に押し入り、放逐される。７年後、落ちぶれ果てた阪妻は、浜辺で偶然、敵に出会う。傍らにいたかつての思い人を殺し、敵に剣を突き立てた阪妻は、立ち上がり、カメラに向かって虚無的に笑う。

あだ討ちを果たしながら、何の達成感もない。澤登さんの活弁はこうだ。

「ついに彼は復讐を遂げた。だが、しかし、彼は快哉を叫んだであろうか。海は黙して語らず」

山上伊太郎（1903–1945）　脚本家。26年マキノプロ入り。マキノ正博『蹴合鶏』『浪人街 第一話 美しき獲物』などを手がける。フィリピンで戦死。

若い脚本家たちの反体制的ドラマ

「一スジ、二ヌケ、三ドウサ」

牧野省三による映画の骨法である。スジはシナリオ。ヌケは撮影。ドウサは演技。映画の構成要素を言い当てた、今に通じる至言だろう。

気になるのはその順番。演技や撮影より、脚本が先に来る。確かにマキノ映画は脚本を重視した。脚本家への報酬は破格だった。

『回想・マキノ映画』に収録された滝沢一の評伝によると、『影法師』の寿々喜多の脚本料は1500円。当時の監督の最高給は二川文太郎▼の250円だった。大卒の銀行員の初任給が50円くらいの時代である。マキノ雅弘『映画渡世・天の巻』によると、山上伊太郎が考えた「酔ひどれ菩薩」という題名に対し、省三は「よっしゃ、ええ題名や。千円やる！」と言ったという。

マキノ映画の精髄は「若い脚本家を起用したオリジナルシナリオにある」と冨田さん。文学青年である脚本家たちは、恋に悩み、世の不条理を恨む主人公を描いた。時は大正末期から昭和初期。関東大震災（1923年〈大正12年〉）を経て

二川文太郎（1899-1966）　映画監督。牧野教育映画に俳優として入社。23年『蜃気楼』で監督デビュー。寿々喜多呂九平とのコンビで活躍し、『快傑鷹』『逆流』『雄呂血』などを手がける。

近代化が急進展し、社会構造が大きく変化した。松之助映画の底流にあった明治以来の体制擁護の思想は、必ずしも大衆の支持を得られなくなった。「大衆の反体制的心理に対応して登場したのがマキノの剣戟映画であった」（田島良一「時代劇の誕生と尾上松之助」）

『雄呂血』の冒頭シーンにも時代の影がある。「無礼者め！　下賤の分際で拙者の盃を受けんとは生意気な奴じゃ」と居丈高な浪岡に対し、平三郎は「無礼講の酒席で身分の差別で論ずるとは、無礼でござろう」と反論する。江戸時代の武士である平三郎は、一方で大正デモクラシーの時代を生きているのだ。

マキノに集まった若者たちはそんな時代の空気を鋭敏に感じ取っていた。新しい小説や外国映画をたっぷり受容していた。浅草オペラに入り浸っていた寿々喜多は、『実録忠臣蔵』（1922年、牧野教育映画、牧野省三監督）の真剣白刃を交えた写実的な殺陣に感動し、京都のマキノの門をたたいたという。

そういう若者たちや、例えば直木三十五▼のような小説家、澤田正二郎や市川猿之助のような演劇人をも引き寄せる人間的魅力が省三にはあった。

1926年11月にマキノプロ御室撮影所を訪ねた小説家、久米正雄の文章が面

直木三十五（1891–1934）　小説家。25年牧野省三の協力を得て、聯合映画芸術家協会を設立。衣笠貞之助『月形半平太』『日輪』、伊藤大輔『京子と倭文子』などを製作した。

白い（『映画時代』1927年1月号）。

「新築の事務所へ入ると、金網を張った銀行の窓口のようなものが、ずらりと並んで、その奥の方から、大きな声で『……まァお上り！　かまやせんさかい、そのままずんずんお上り！』という快活な声がする。オン大牧野省三だ。（中略）『なかなか立派になりましたなァ』と、私は事務所のあたりを見まわしていった。『立派でっしゃろ。ただ、わいの所は、銀行と違うて、金払わんのやさかい。まァせめて窓口だけでも立派にしとかんとなァ』と省三老大は呵々大笑する。大将、貧乏だか何だか知らんが、大そう機嫌だ。このマキノの快活で覇気のある、しかも砕けた気風には、直木でなくてもちょっと惚れる。惚れさす力がある」

製作本位のプロダクション

阪東妻三郎、市川右太衛門▼、月形龍之介▼、片岡千恵蔵▼、嵐長三郎（後の寛壽郎▼）。マキノが生んだスターたちだ。省三の俳優育成力は比類ない。日活の大河内傳次郎と松竹の林長二郎（長谷川一夫）を除く時代劇スターの大半を作ったといえる。

市川右太衛門（1907–1999）俳優。歌舞伎役者からマキノプロ入りし、『黒髪地獄』でデビュー。『旗本退屈男』の早乙女主水之介が当たり役で、戦後は東映の重役スターとなった。

ただ、日活からつき従った月形を別にすれば、在籍期間はみな短く、1、2年にすぎない。右太衛門、千恵蔵、長三郎は売り出し中にマキノを去った。
スター輩出の一つの背景として冨田さんは、独立プロであるマキノの「敷居の低さ」を指摘する。大手の日活や松竹と比べて、俳優の序列が強固でない。だから若いスターがトップに出やすい。そもそも若い脚本家による反体制的なドラマは、若い俳優でないと演じられない。
関東大震災で東京の撮影所が被災し、京都に人材が集まったという事情もあった。時代劇スターに限らず、岡田時彦▼、内田吐夢(うちだとむ)、衣笠貞之助ら多くの優れた映画人がマキノで育った。
出ていくスターを無理に引き留めもしなかった。資金力に劣る弱小プロダクションだけに、止める力がなかったともいえる。省三は「役者なんてなんぼでも作れる」とうそぶいたという。
「スター作りの名人でありながらスター・システムを厳に拒否した」と滝沢一は評伝に書く。省三のプロデューサーとしての見識だ。省三は自ら作り上げたスター松之助の旧劇映画を否定し、新しい時代劇の地平を開拓していった。

月形龍之介（1902-1970）　俳優。日活の俳優養成所から牧野省三につき従い、マキノのスターとなる。マキノ退社後、伊藤大輔『斬人斬馬剣』で主演。黒澤明『姿三四郎』など脇役でも活躍。

片岡千恵蔵　註は155ページ。

嵐寛壽郎（1903-1980）　俳優。歌舞伎界からマキノプロ入り。『鞍馬天狗異聞　角兵衛獅子』でデビュー。嵐寛プロで山中貞雄を抜擢。当たり役は鞍馬天狗と『右門捕物帖』のむっつり右門。

岡田時彦（1903-1934）　俳優。大正活映からマキノ、帝キネを経て日活大将軍入りし、溝口健二、阿部豊作品で主演。松竹蒲田で小津安二郎が重用。京都に戻り溝口『滝の白糸』に出演。岡田茉莉子は娘。

日活や松竹が経営を近代化し、強固な配給、興行網を築いたのに対し、マキノは製作本位のプロダクション主義を貫いた。「自由に映画を作りたかった」（田島さん）というのが最大の理由だろう。

家族的で入りやすい。オヤジと慕われる省三が現場にいる。金はないが、人が集まる。映画という創作物を作るのに必要な何か。それが、マキノにはあった。

Ⅲ　三代に宿る活動屋の魂

映画はマキノ家の家業であった。子どもたちは子役として出演。長じて俳優や監督、プロデューサーになった。畢生（ひっせい）の大作『忠魂義烈　実録忠臣蔵』のフィルムを火事で失いながら、牧野省三は最後まで一族郎党とともに映画を作り続けた。

猿役の息子の檻に虎を入れる

省三の長男で『次郎長三国志』『日本侠客伝』など２６０本以上の作品を残した大監督マキノ雅弘は、宴席で興に乗ると猿踊りを披露したという。映像で見たが、これがうまい。仕草も表情もまるで猿だ。

それには理由がある。

日活を辞めた省三が教育映画を作っていたころのことだ。省三は雅弘に「あしたから岡崎の動物園へ行って、猿の仕草を覚えてこい」と命じた。雅弘は学校帰りに毎日動物園に行き、猿を観察。父の前でやってみせた。しかし返ってくる言葉は「なんや、そんなもんか。まだまだあかん」。3週間通って、ようやく父は言った。

「猿の役をやるんや。しっかりやるのやで」

『黄金の虎』（1922年、牧野教育映画、牧野省三監督）という映画だ。フィルムは現存しないが、いたずら小僧が猿になって虎に食われる夢を見る話だという。次男で後にプロデューサーとなるマキノ光雄▼は狸（たぬき）の役だった。

いよいよ撮影の本番、猿にふんした雅弘は檻（おり）に入れられた。そこに何と本物の虎が入ってきた！　我を忘れて逃げる雅弘。父は「マサ公、サルじゃ、サルじゃ」と怒鳴る。「トラ、サルを食え！」とも。

猿の受難は続く。大凧の背にくくりつけられ、空中に舞い上がったとたんに糸を切られる。厳冬に滝つぼに入り、氷柱の間から頭を出させる。

滝つぼの撮影では見学に来ていた母方の祖父が怒って省三に殴りかかった。「こ

マキノ光雄（1909-1957）プロデューサー。マキノプロ、日活を経て、満州映画協会製作部長。戦後は東横映画創立に参加し、東映常務、専務。『ひめゆりの塔』『笛吹童子』などを製作。

の人でなし。孫を殺す気か」。省三は殴られながら叫んだ。「マサ公、早う入れ。早うせんと、お父ちゃん殴り殺されるがな」

父子のエピソードをもう一つ。

１９２２年の秋、京都一商に進んでいた雅弘は「あすは御陵参拝だから必ず来るように」と学校から指示された。ところがその夜、省三は「あすは教育映画の撮影があるさかい、学校を休め」と言う。嫌々ながら四条小橋で撮影していたら、参拝帰りの同級生に見つかった。翌日、雅弘は学校で退学処分を言い渡された。

怒った省三は学校に手紙を書いた。「親が車を曳けば子は後押しをする。親が乞食をすれば子が隣にすわる。親がタネトリ（撮影）しているから子がタネトリに出て、何が悪い。まして社会のためになる教育映画である」

担任の教師は「お前のお父さんは車引きか。乞食か」と雅弘を罵倒した。すると外で待っていた内田吐夢、江川宇礼雄▼らマキノ一党がずんずん校内に入ってきて、校長と直談判。処分は取り消された。

以上は『映画渡世・天の巻』による。『日本映画の父（マキノ省三伝）』『カツドウ屋一代』と文献によって細部が違うが、大筋は同じだ。虎の檻の話は、雅弘の

江川宇礼雄（1902-1970）俳優。谷崎潤一郎との縁で大正活映に入り、内田吐夢らとともに牧野教育映画に移籍。その後、松竹蒲田に移り、島津保次郎や小津安二郎らの作品に出演する。

娘のマキノ佐代子▼さんも、おいの津川雅彦▼さんも何度も聞かされた。「ひどいことするんや、と言いながら、恨みつらみはない。父は祖父が大好きだった」と佐代子さんは振り返る。雅弘が京都一商を卒業すると、省三は再び映画の現場に戻し、一人前の監督に育て上げた。「父は祖父に100パーセント育てられた。祖父の痛みは父が一番よく知っていたし、父の痛みは祖父しか癒やせなかったのだと思う」と佐代子さん。

逆境から生まれた群像劇

津川さんは「猿の話の後は必ず『借金抱えさせられて俺は苦労した』という話になった。そして『俺は職業監督として借金を返した』と続けた」と語る。「マキノ雅彦」として『寝ずの番』（2006年）など3本の映画を監督した津川さんは、生前の雅弘に「マキノを名乗るなら、お前も職業監督になれ」と諭された。「省三のように自分で金を出すなという意味だ」と津川さん。

実は省三も雅弘に同じ教えを残している。「わしが死んだらマキノ映画は潰れ

マキノ佐代子（1958–）女優。68年、子役としてドラマ『石狩平野』でデビュー。79年、中島貞夫『総長の首』で映画デビュー。『男はつらいよ』シリーズにも出演。

津川雅彦（1940–2018）俳優。56年『狂った果実』で美男スターに。70年代からは悪役も含め幅広く活躍。『惜春鳥』『太陽の墓場』『マルサの女』『プライド・運命の瞬間』など。

る。これを復興しようとしても決して成功するものではない。（中略）映画界で働きたければ一職工で働け。企業家には決してなるな」（『日本映画の父』）

省三の死後、その言葉通り、マキノ映画は崩壊する。雅弘が借金を背負った。晩年の省三は不運だった。渾身の大作『忠魂義烈　実録忠臣蔵』（１９２８年、マキノ御室）が編集中の火事で焼失。スターが相次ぎ脱退し、大打撃を受ける。しかし省三はくじけなかった。20歳の雅弘（当時は正博）が監督したノースターの群像劇『浪人街　第一話　美しき獲物』（１９２８年、マキノ御室）は、そんな逆境から生まれた。

脚本家の山上伊太郎による字幕が奮っている。「強い奴、弱い奴、面白い奴、馬鹿な奴、色んな奴が集まって――浪人街の白壁にいろはにほへとと書きました」出てくるのは貧乏長屋の食い詰め浪人たち。みな自堕落に飲んだくれている。女好きだったり、金に汚かったり、がさつだったり、偏屈だったり。およそ欠点だらけの人間ばかりだ。ところが仲間の女が横暴な旗本に捕らえられ、いよいよ牛に裂かれるとなると、相次いで助太刀に駆けつける。

そこには街に失業者があふれる金融恐慌（１９２７年）後の暗い世相と、山上

『浪人街　第一話　美しき獲物』（1928年、マキノ御室、マキノ正博監督）
無名の俳優たちの出演で、浪人街にリアリティーが出たという。フィルムが現存する大詰めの乱闘シーンで浪人たちが取り囲まれると、それまで旗本側だった浪人・赤牛弥五右衛門が助太刀する。「裏切ったな」「馬鹿！　表返ったのぢゃ」は脚本家・山上伊太郎の名セリフ（国立映画アーカイブ所蔵）

『忠魂義烈　実録忠臣蔵』（１９２８年、マキノ御室、マキノ省三監督）
大石内蔵之助役は新派の巨頭・伊井蓉峰。立花左近との対決場面で伊井は歌舞伎の六方を踏み、省三をあぜんとさせた。フィルムの大半が焼失したが、松の廊下や吉良邸討ち入りの場面は残っている。左の写真は大石主税役のマキノ正博㊧とマキノ智子㊥（国立映画アーカイブ所蔵）

のアナーキーな反抗心が反映している。無名の俳優が無心に走り回り、三木稔▼のカメラが縦横無尽に動いてそれを撮る。フィルムが現存する終幕の乱闘だけを見ても、あふれ出るパワーに圧倒される。まるでヌーベルバーグだ。

『浪人街』はこの年のキネマ旬報ベストテン第1位に輝いた。ただ省三は気に入らなかった。表彰式の壇上で省三は、会場の若い観客に問うた。

「すまんけど、この作品のどこがええか、わいに教えてくれ。これを教えてもらわんと、これからもこいつらにこんな写真撮らせられん」

省三らしい率直な物言いだが「喜びの表現であったに違いないと思っている」と、雅弘は『映画渡世・天の巻』で回想している。

三木稔（1902-1968）撮影技師。『浪人街　第一話　美しき獲物』の他、溝口健二『浪華悲歌』などを手がける。三木滋人と改名し溝口『残菊物語』、戦後もマキノ雅弘作品を撮影。

マキノ映画はお祭りだった

省三の孫である津川雅彦さんも、叔父のマキノ雅弘に徹底的に仕込まれた。津川さんの母は省三の四女で女優のマキノ智子。父はマキノ映画の最後のスター・澤村國太郎。沢村貞子は父方の叔母、加東大介▼は同じく叔父。長門裕之▼は兄だ。

加東大介　註は189ページ

能の宗家の父子を描く伊藤大輔監督『獅子の座』(1953年、大映) の撮影に入る前、子役で出演する津川さん (当時は加藤雅彦) に雅弘は説きはじめた。

「ホンを読んだ。(主演の) 長谷川一夫をしのいで、お前が主役の映画や。伊藤大輔はすごい監督や。長谷川一夫もすごい役者や。その下にお前をやる限り……」

パーン! と、津川さんは頭をひっぱたかれた。雅弘はものさしをもっている。

「そのまばたきや! そんなまばたきをするような奴じゃ主役は務まらん。役者は目が命や!」。説教は3時間も続いた。まばたきするたびに、パーン! とやられた。津川さんは幼い頃から目が弱かった。

「肉体訓練ですよ」と津川さん。話の中身は覚えていないが、「まばたきを止めることはできるようになった」。撮影に入ると長谷川一夫にこう話しかけられた。

「マー坊、普段は目をクシャクシャしてるのに、本番になるとせんな」

身内だからこそ厳しかった。雅弘が監督した『続 次郎長三国志』(1963年、東映)。上半身裸になった若い子分役の津川さんが、連れ添う娘の実家である竹細工屋で、二人の結婚を許さない父親に竹の棒でひっぱたかれる場面がある。テ

長門裕之(1934-2011) 俳優。『続清水港』『無法松の一生』の子役を経て『太陽の季節』(56年)でスターに。『にあんちゃん』『豚と軍艦』『秋津温泉』に主演。晩年は名脇役に。

ストではたたいているように見せるだけだが、本番前に雅弘の声がした。

「本気でバシーンとお願いします。メーキャップで付けた痕じゃなくて、ミミズ腫れにしたいんで」

竹は先の方を細く割いてあった。しなって余計に痛い。肉に食い込んだ。画面で見ても痛々しいミミズ腫れがわかる。「後で血豆になった」という。

「親戚じゃなかったら、あんなことしない。ミミズ腫れを出したいという監督の欲だろう」と津川さん。雅弘が猿を演じた時、無理強いを祖父が責めると、省三は「他人様にはさせられない」と答えたという。身内は「手駒」なのだ。

でも面倒見はいい。溝口健二監督『山椒大夫』（１９５４年、大映）に厨子王役で出演した時のこと。完全主義者の溝口は「出番がないときも来なさい」と津川さんに告げた。津川さんはほとんど学校に行けず、落第が決まった。

雅弘は津川さんを連れて大映に乗り込んだ。溝口に向き合い、ドスの利いた声で言った。「この子出してくれて、ええ映画になったんやろうけど、こいつそのために1年落第しよったんや。この1年、将来この子にとってどれだけマイナスになるかわからんやろ。謝ったれ」

津川さんによると、溝口はハンチングをとって「ぼうや、ごめんなさい」と言ったという。「スカッとしたけど、この世界やっぱりヤクザだなと思った」と津川さんは笑う。なにやら若き雅弘の退学処分を撤回させたマキノ一党みたいだ。

マキノ佐代子さんは雅弘50歳の時の子で、父の全盛期を知らない。それでも子ども心に「うちは普通の家庭じゃない」と思っていた。「おはよう」「おやすみ」と言っても、父はろくに返事をしない。

女優の仕事をはじめて、撮影現場の言葉を覚えたころ、帰宅したら父が初めて「お疲れ」と言ってくれた。「それからは、パパ、ケツカッチン（後の予定がある）だから、というように会話できるようになった」と佐代子さんは語る。

省三がそうであったように、雅弘も生活のすべてが映画だった。自宅を新築する時、1階のスタジオの図面は懸命に引いたが、2階の住居部分は空白だ。佐代子さんが文句を言うと、雅弘はただ人数分を線で区切った。台所も居間もない。

晩年、入院先のベッドで雅弘は省三を呼ぶように「オヤジー！」と寝言を言った。続いて「カット、カット、カット、カット！」。それから「アキオ！（おい・長門裕之の本名）」と怒鳴った。夢の中でマキノ三代はどんな映画を作っていたのだろう。

津川さんは「マキノ映画はお祭りだった。ワッショイワッショイと言いながら楽しく作っていた」と言う。まるで『次郎長三国志』の親分子分のように。

「僕らのものづくりは、手づくりなんだ。省三が舞台という総手づくりの世界から映画に進出したのは、いわば版画のように安く刷ることで、大衆文化を発達させようとしたんじゃないかな。江戸の町人文化、浮世絵の文化にのっとったギリギリのメディア化だと思う」「家内工業だと人が育つ。大企業と違って集団創造だから。スタッフ全員がプロで、素人は監督だけ。その道のプロと夢想家のコラボレーション、それがものづくりの精神、集団創造の神髄なんだな」

津川さんはそう語る。活動屋の血はマキノ三代を貫いて脈々と流れている。

『忠魂義烈　実録忠臣蔵』のころの牧野省三（国立映画アーカイブ所蔵）

第2章

生き続ける実験精神　衣笠貞之助

Ⅰ　映像の奔流、集った若き俊才

若い仲間を集めて自分たちで自由に映画を作ろう。それを海外にもっていき、世界の観客に見せよう。最新のテクノロジーに挑戦しよう。現代の話ではない。1920年代の映画監督の物語。日本の前衛、その名は衣笠貞之助（きぬがさていのすけ）（1896～1982）。

今も鮮烈な『狂った一頁』

避雷針、降りしきる雨、窓とはしご、病院の門、雨中の車、水たまり、稲妻、階段、水流、鉄格子、車輪……。

閃光（せんこう）のように切り替わる画面に重なって、回転する球体が現れる。その前で白いドレスの女が舞っている。カメラが引くと、手前に鉄格子が現れる。独房の中で踊り続ける黒い服の女。稲妻、ドラム、金管楽器がめまぐるしく現れ、画面自体が回転をはじめる。

廊下を小使いが歩く。女が見上げる。顔がゆがむ。風景もゆがむ。福引の喧騒、晴れがましい万国旗、婚礼の車と霊柩車の交錯……。イメージの奔流だけがあり、字幕はない。

衣笠貞之助監督の無声映画『狂った一頁』は、1926年に撮られたとは思えない刺激的な映像に満ちている。そして今も、世界の観客を熱狂させている。

2007年のクロアチアのモトヴン映画祭では、野外上映に約500人が詰めかけた。活動写真弁士の片岡一郎さんは「今なお鮮烈な作品であること、その飛び抜けた実験精神に驚いていた」と振り返る。

「音楽をつけたいという演奏家がたくさんいる」と指摘するのは映画史家のアーロン・ジェロー米イェール大学教授。片岡さんも「あらゆるミュージシャンが違和感なく共演できる」と語る。2008年のドイツ・フランクフルト公演の伴奏はDJによる電子音楽だった。2010年の奈良前衛映画祭のプレイベントで

『狂った一頁』（1926年、新感覚派映画連盟、衣笠貞之助監督）
妻が入院する精神科病院に身元を隠して小使いとして勤める男（井上正夫）の物語。船員だった男は家庭を顧みず、妻を狂わせたことに責任を感じている（国立映画アーカイブ所蔵）

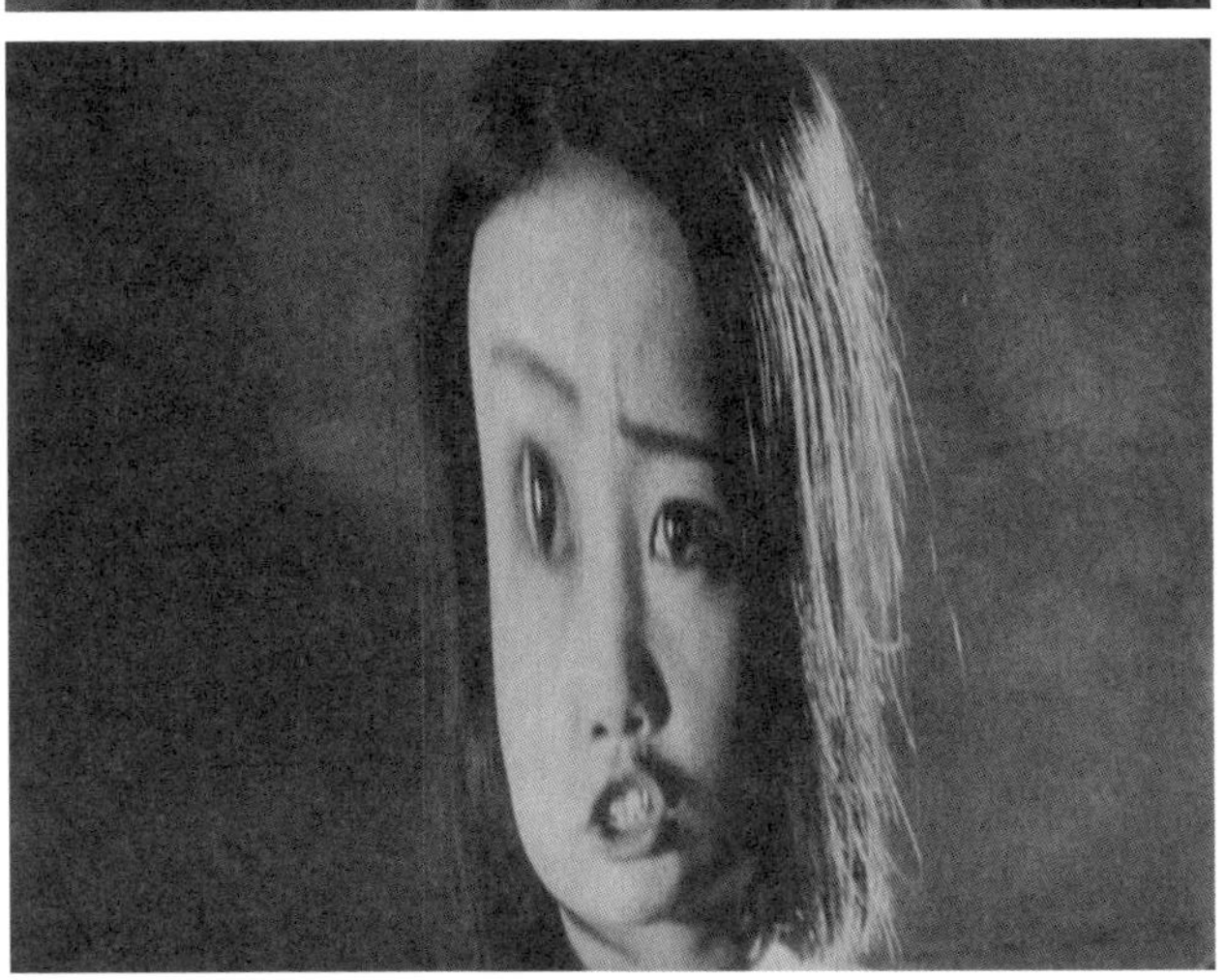

撮影助手の円谷英二は『狂った一頁』の技術的貢献を「その以前の静的なキャメラの使ひ方から、一躍して動的な駆使に飛躍した」とし、急速な移動パン、カメラを横に振っての場面転換、立体的な移動ショット、歪曲鏡の使用、多重露光、波形移動、シルエットの使用効果などを例示した（いずれも国立映画アーカイブ所蔵）

はロックバンドの頭脳警察が演奏した。

　弁士も刺激される。「ポエティックな作品なので、音の韻律（いんりつ）を大事にしたい」と片岡さん。球や車輪など回転体が次々と登場するのに合わせて「くるくるくるくる狂う！」とやっている。

「『狂った一頁』がすごいのは今も生きていること」とジェローさん。フランスのアベル・ガンス▼『鉄路の白薔薇』（１９２３年）、ドイツのＦ・Ｗ・ムルナウ▼『最後の人』（１９２４年）などと同じく１９２０年代半ばに撮られた映画史上の傑作だが、現在『鉄路の白薔薇』に熱烈な人気があるとは言い難い。

　なぜ『狂った一頁』の魅力は今も色あせないのか。

新感覚派映画連盟の誕生

「踊り狂ひながらぶつ倒れるところ、なかなかうまく行かず。壁に突当つたり、カメラを飛出したり、幾度もやり直しするうち、何物かの上に倒れて、ひどく頭を打ち、肩を擦りむきて血を滲（にじ）ます。踊子涙含まんばかりなり。気の毒で見てゐ

アベル・ガンス（1889–1981）フランスの映画監督。『鉄路の白薔薇』（23年）で名声を確立。３面マルチスクリーンによる大作『ナポレオン』（27年）などを手がけた。

フリードリヒ・ヴィルヘルム・ムルナウ（1888–1931）サイレント期を代表する映画監督。ドイツで『吸血鬼ノスフェラトゥ』（22年）、『最後の人』（24年）、『ファウスト』（26年）、米国で『サンライズ』（27年）を撮る。

られず、ダンスの振付までする衣笠氏甚だ大胆なり」

1926年5月、『狂った一頁』の脚本を担当した川端康成▼は京都の松竹下加茂の撮影現場を見学した。川端の『「狂った一頁」撮影日記』にその様子は詳しい。川端はこの時26歳。『伊豆の踊子』を1、2月に発表したばかりだ。

主演俳優の井上正夫▼と川端だけは近所の宿を用意されたが、衣笠以下のスタッフは楽屋に合宿した。尻切れトンボのシナリオしか渡していない川端は、衣笠、沢田晩紅、犬塚稔▼とともにラストを含む脚本の打ち合わせをした。

川端は「俳優諸君は、大道具、小道具、配光、その他あらゆる雑務に奔走して、涙含ましき働き振り」と書く。主演俳優の井上も率先して手伝った。ライトの不足を補うため、全員でセットに銀粉を塗ったが、井

左から川端康成、衣笠貞之助、井上正夫、片岡鉄兵、杉山公平。
『狂った一頁』の撮影現場で（国立映画アーカイブ所蔵）

上は自ら手本を示した（衣笠貞之助『わが映画の青春』）。

まるで昨今の自主製作映画の現場を思わせるが、考えてみれば当然だ。この映画こそ自主製作の草分けなのだ。

牧野省三のもとで4年間に約30本もの映画を濫作した衣笠は、「一度、誰からの製肘（せいちゅう）も受けずに、思いのままの映画をつくってみたい」という気持ちが抑えられなくなっていた。

衣笠はカメラと現像場を自前で準備し、俳優時代にその一座に身を置いたこともある新派の名優、井上に出演を依頼した。さらに前年に監督した『日輪』の原作者、横光利一▼の知恵を借りようと、4月には神奈川県葉山の自宅を訪ねた。

「葉山森戸海岸の横光の家に行けば、衣笠貞之助氏あり。営利を度外視してよき芸術映画を製作せんとする企てに僕らの加入を求むとなり」と川端は『入京日記』に書く。興奮気味の川端は『文芸時代』の同人の片岡鉄兵、岸田国士（きしだくにお）らにも声をかける。東京で片岡を捜し回った末、見つからず衣笠、横光とホテルに同宿。「横光と僕同じ床にもぐり込む」。いやあ！　若い。

川端、横光らとの話し合いではなかなか筋がまとまらず、二転三転。衣笠が当

川端康成（1899–1972）　小説家。24年に横光利一、片岡鉄兵らと「文芸時代」を創刊、新感覚派と呼ばれた。新感覚派映画連盟は川端脚本の『狂った一頁』1作のみで消滅した。

井上正夫（1881–1950）　俳優。新派の伊井蓉峰一座など舞台で活躍。映画に進出し、天活、国活、松竹などの作品に出演。衣笠貞之助『狂った一頁』には無償で主演した。

犬塚稔（1901–2007）　松竹下加茂の脚本家となり、27年に林長二郎（長谷川一夫）の初主演作『稚児の剣法』で監督デビュー。戦後も時代劇の脚本を手がけた。

時の名物患者「葦原将軍」が入院していた世田谷の松沢病院を見学し、その話をもとに川端が脚本を書くことになった。
報知新聞がこの話をスクープし「新感覚派映画連盟生まる」と書いた。川端、横光ら「新感覚派」からいただいた記者の命名だったが、それが正式なプロダクション名になった。松竹の白井信太郎が下加茂のステージを貸し、資金援助もした。最終的に無字幕となったのは横光の提案による。
衣笠30歳、川端26歳、横光28歳、後に『源氏物語』でカンヌ映画祭撮影賞に輝く撮影の杉山公平▼は26歳、『ゴジラ』を生む撮影助手の円谷英二(つぶらやえいじ)▼は24歳。『狂った一頁』はまぎれもなく若者たちが作った映画であった。

女方から監督へ、後衛から前衛へ

「ああ、あれは先代の衣笠でして」。女形(おやま)時代のことを聞かれると、衣笠はよくそんな冗談を言ったという。
小井上春之輔という旅回りの女形が日活向島撮影所に入ったのは1917年。

横光利一（1898-1947）　小説家。新感覚派の旗手として『上海』を書く。卑弥呼を主人公にした小説『日輪』を衣笠貞之助が映画化するが、不敬罪で訴えられ上映中止に。

杉山公平（1899-1960）　撮影技師。『狂った一頁』『十字路』など衣笠貞之助作品を撮影。満映を経て、戦後は大映京都で衣笠『地獄門』、溝口健二『楊貴妃』などを手がけた。

円谷英二（1901-1970）　撮影技師を経て、東宝の特殊技術課長となり『ハワイ・マレー沖海戦』（42年）で日本の特撮の基礎を築く。戦後は『ゴジラ』『ウルトラマン』を手がけた。

衣笠貞之助と改名し、5年で130本の映画に出演した。舞台のようなセットで舞台のような演技をそのまま撮るという活動写真の時代だ。

やがて女優の採用がはじまり、衣笠は向島を脱退。国際活映巣鴨撮影所を経て、映画と舞台を連動させた連鎖劇の巡業をしていたころに、京都の牧野省三に監督として招かれる。最後に女形を演じたのは『火華』（1922年）。監督兼任の衣笠は、やはり俳優だった内田吐夢（うちだとむ）とラブシーンを演じながら「そこで絞ってちょうだいな」とカメラに指示したという伝説がある。

「衣笠貞之助は、日本映画最後の女形とも云える。この最後の女形は、それから何年か経って、女形の衣裳や、かつらをかなぐり捨てると、ヒゲを生やして、ふちぶとのロイド眼鏡をかけて、自ら監督として、常に時代の先頭に立っていた」「女形として、時の敗者の運命を危く舐めかかった彼は、この時の教訓を身に沁みて感じたのかも知れない」（筈見恒夫『評伝・衣笠貞之助』）

女形から監督へ、後衛から前衛へ。その振幅の大きさに映画作家・衣笠の根っこがある。「伊藤大輔のように西欧文学の教養やその洗礼を受けることなく、歌舞伎や新派の世界で身につけた身ぶり手ぶりによる感情移入の技術を唯一の拠りどころとして新しい映画の世界に飛込んだ」（滝沢一『衣笠貞之助論』）

「優しく美しいお年寄りだった」。岩波ホール勤務時代に晩年の衣笠と仕事をした元東京国際女性映画祭ディレクターの大竹洋子さんは述懐する。

1975年の『狂った一頁』再公開のころ、大竹さんは大阪のテレビ局に衣笠と同行した。番組のスタッフたちは下にも置かない扱いで迎えたが、衣笠の出番が終わるや次の仕事にさっさと移ってしまう。老監督は置き去りにされた。

「その時、先生は誰もいなくなったスタジオに一礼なさったんです」

大正以来の舞台人であり映画人である衣笠の矜持（きょうじ）なのだろう。大竹さんはその後ろ姿が忘れられない。

時代の才能を束ねる力

失われたと思われていた『狂った一頁』のフィルムは1971年、京都の衣笠邸の土蔵で発見された。終盤の福引のシーンに登場する米びつに入っていた。

同年の岩波ホールでの試写会には川端康成も駆けつけ、衣笠と旧交を温めた。

その後、フランス、イギリス、アメリカなどを巡回し、世界を驚かせた。

英国のサイト・アンド・サウンド誌は「衣笠は当時『カリガリ博士』『最後の人』『鉄路の白薔薇』を見ただろうが、彼の抽象的なイメージの使用はむしろラディカルであり、革新的である」（ジョン・ジレット）と評した。

瞬時に映像が切り替わるフラッシュの手法は『鉄路の白薔薇』などのフランス印象派を思わせる。狂気を題材とした点は『カリガリ博士』などドイツ表現派に通じる。ただアーロン・ジェローさんは「単なる西欧の模倣ではない。衣笠は自分がやりたいことに沿って挑戦した。それこそがモダニズムだ」と語る。

ジェローさんが指摘するのは１９２０年代の日本映画の実験精神の豊かさ。「伊藤大輔ら多くの監督がいろいろな挑戦をしている。『狂った一頁』はその中で最も実験的な作品だろうが、孤立した存在ではない」

背景にはジャンルを超えた人々の映画への参画があった。「谷崎潤一郎▼や直木三十五ら多くの文学者や批評家が、映画がモダンな表現であり、これを使って新しいことができると考えた」。とりわけ京都は前衛的な都市であり、時代劇映画はその先端を走っていた。

谷崎潤一郎（1886-1965）　小説家。20年に横浜の大正活映の文芸顧問に就任。トーマス栗原監督作品の脚本を書き、『痴人の愛』のナオミのモデルである義妹・葉山三千子を女優にする。岡田時彦、井上金太郎、内田吐夢、江川宇礼雄、二川文太郎も大活から巣立った。

「衣笠は主義をもって映画を作った人ではない」とジェローさんは付け加える。「彼の才能は人の意見をよく聞きながら、自分の考えたものを作り上げたところにある」。一貫した世界観があるというより、時代の才能を束ねる力があった。

国立映画アーカイブに残された台本やメモは『狂った一頁』の現場の共同作業を物語る。「代わる代わるいろいろな人が書いている。その日の発想で話し合いながら作ったのかもしれない」とジェローさんは見る。

謎も残る作品だ。妻が入院する精神病院に身元を隠して小使いとして勤める男の物語だが、例えばすべてが小使いの男の幻想だったとするならば、なぜ終幕で患者の一人が男に一礼するのか？『カリガリ博士』と違い、幻想と現実の境目はあいまいなままだ。

「歴史に残る作品はある程度の矛盾がないといけない。多面性、多重性がないと生き残らない」とジェローさん。『狂った一頁』の映像の奔流は「誰もが経験したモダニティ（近代的なもの）の矛盾を反映している」と考える。

だから『狂った一頁』は今も生きている。

Ⅱ　野心作携え渡欧、最前衛監督と交流

１９２８年、野心作『十字路』を携えて衣笠は渡欧する。ドイツやフランスの観客は、遠い東洋の異国から来た映画の実験的な手法や俳優の演技を称賛。衣笠は世界の最前衛に立つエイゼンシュテイン▼、プドフキン▼らソ連の監督と親交を結ぶ。

ドイツ表現派風の時代劇『十字路』

「我々の付度（そんたく）をはるかに超えた大作品であったことに頭が下がった。この作品で日本映画のレベルを判断してよいなら、その独創性、その完璧さ、その深刻さにおいて日本映画は現在混沌たる状態にあるヨーロッパ映画のすべての上に君臨

▼セルゲイ・ミハイロヴィチ・エイゼンシュテイン（1898–1948）モンタージュ理論を打ち立てたソ連の監督。代表作に『戦艦ポチョムキン』（25年）、『イワン雷帝』（44～46年）。

▼フセヴォロド・イラリオーノヴィチ・プドフキン（1893–1953）ソ連の映画監督。代表作は『母』（26年）。28年エイゼンシュテインらと「トーキー宣言」を発表した。

すべきであろう」（レ・ヌーヴェル・リテレール誌）

絶賛と言えよう。1929年2月にパリで公開された『十字路』についての週刊誌の批評だ。書いたのは小説家、劇作家のアレクサンドル・アルヌー。後にジャン・コクトーが映画化する戯曲『美女と野獣』を書いた人である。

『狂った一頁』完成後、京都の松竹下加茂撮影所に集結した30人近いスタッフを抱えた衣笠は、松竹と受託契約を結び、衣笠映画連盟として時代劇の製作をはじめた。林長二郎、後の長谷川一夫▼を売り出したのもこの時期。月2本の量産で疲労困ぱい。そろそろ「次の『狂った一頁』を」と構想したのが『十字路』だ。

衣笠が考えたのは「立ち回りのない時代劇」。貧しい姉弟の物語は、剣劇中心の当時の時代劇で

松竹下加茂撮影所の『十字路』撮影現場。グラスステージなので夜間撮影を余儀なくされた（国立映画アーカイブ所蔵）

は異色だった。低予算を逆手にとって、撮影所内に放置されている古材を使い、自在にセットを組む。１９２８年2月、撮影に入った。

冒頭に登場する街頭、続く姉弟の家のセットからしてドイツ表現派風だ。柱や梁（はり）が曲がっていたり、斜めだったり。渦巻き模様のふすまや、謎めいた壺が置いてあったり。

階段を上がる人物を頭上から追うショットがある。当時は撮影用クレーンなどない。衣笠の『わが映画の青春』によると、スタジオの天井にウインチをくくりつけ、カメラを縄に結び、徐々に引っ張り上げた。衣笠は「外国映画以上の表現テクニックを凝らそう」とした。

『狂った一頁』同様、洋画専門の新宿・武蔵野館で公開。同年6月、衣笠はシベリア鉄道で欧州へ向かう。モスクワを経てベルリンへ。ここで配給会社に自ら売り込む。21世紀の今でこそそんな若手監督も珍しくないが、当時は大冒険だ。何しろ西洋人のほとんどが日本映画など見たことがないのだ。

フリードリヒ街に軒を連ねる配給会社の試写室への重いフィルム缶運びを、留学中の新劇俳優・千田是也▼が手伝った。ドイツでの配給が決まり、公開後は欧州

長谷川一夫（1908-1984）　俳優。松竹下加茂で林長二郎としてスターとなり、衣笠貞之助『雪之丞変化』が大ヒット。長谷川一夫と改名した東宝では山本嘉次郎『藤十郎の恋』、成瀬巳喜男『鶴八鶴次郎』など。戦後は大映で衣笠貞之助『地獄門』、溝口健二『近松物語』に出演。

千田是也（1904-1994）　演出家、俳優。築地小劇場からドイツ留学を経て44年俳優座設立。新劇を主導し、近代的な演技術を理論化する。映画は衣笠貞之助『地獄門』などに出演。

各国にも売れた。この上がりが衣笠の2年間の欧州滞在の路銀となった。

ベルリンでの公開は1929年5月。場所は大手映画会社ウーファ直営のモッァルト・ザール劇場。題名は「ヨシワラの影」。ドイツ人の日本に関する知識は富士山、芸者、吉原くらいだと主張する配給会社がつけた。在留邦人の一部では、ちょんまげ時代のみじめな姉弟の話では恥ずかしいと、上映反対運動が起きたという。

それでも反響は上々だった。国立映画アーカイブには衣笠が持ち帰った現地紙の切り抜きが大量に残されている。好評を受けて、欧米各国に次々と売れた。

『十字路』の世界的な浸透を物語る書簡が国立

『十字路』（1928年、衣笠映画連盟、衣笠貞之助監督）矢場の女に心を奪われ、争いごとを起こして追われる弟。姉は弟を助けようとするが、その弱みにつけこむ男にしつこく迫られる。姉弟は雪の夜道を逃げるが……（国立映画アーカイブ所蔵）

映画アーカイブにあった。円谷英二が１９３５年6月に練習艦「八雲」から衣笠に出した便りだ。円谷は初めて監督する記録映画『赤道を越えて』の撮影のため太平洋各地を巡航していた。

「ドイツ大使館に居た男に『よしはら』をあっちで見た話しも出てうれしかったですが、意外なことにはホノルルで父がドイツ人で母がフランスと云う女に、やはり『よしはら』の話しをきかされてびっくりしました」

パリ公開はベルリン公開に先立つ。衣笠はベルリンでの売り込みとは別に、パリ在住の槌谷茂一郎にもフィルムを託していた。この知られざるパリ公開時の反響を、早稲田大学演劇博物館招聘（しょうへい）研究員の中山信子さんは詳細に調べている。

「抑制された表現の中に際立った力強さをもつ」「簡潔で的確な俳優の演技」（シネ＝コモエディア紙）。「日本映画は独自の文化の上に最新の技術を巧みに取り入れ、新たな傑作を生み出した」（プール・ヴー誌）。「日本映画は米国映画とドイツ映画を超えた」「至高の芸術という言葉に値する」（ラ・スメーヌ・ア・パリ誌）。

パリ公開時のタイトルは原題通り「JUJI-RO」。上映したステュディオ・ディアマンは前衛映画に力を入れる映画館で、エキゾチズムを前面に出したドイツと

「従来のいわゆる定式的な場面づくりは、ひとつもしないように配慮したつもりである。この映画が、表現派的だと当時一部の人びとからいわれたのは、これらの場面が定式をはずした反写実的なつくり、いってみれば新劇の舞台面を連想させたかもしれぬ、何か新しさを認めてもらえたしるしかも知れない」（衣笠貞之助「『十字路』あとさき」。写真は国立映画アーカイブ所蔵）

違って、前衛映画として紹介された。観客の多くは「先端的なものに敏感な人たちだろう」と中山さん。エコール・ド・パリの画家、藤田嗣治が舞台あいさつを引き受けた。

ニューヨーク証券取引所の株価大暴落の８か月前。「『狂騒の時代』の最後の時期、最後の夢を見ていた時代」と中山さん。パリのスノッブは日本のアバンギャルドを見逃さなかった。

エイゼンシュテインと歌舞伎を見る

まさかと思ったら本当にあった。２０１３年1月、銀座の百貨店の古書市に『戦艦ポチョムキン』の監督セルゲイ・エイゼンシュテインが衣笠に宛てた自筆メッセージが出品されたのだ。ザラ紙に赤インクでつづられ、最後に赤鉛筆で署名している。とじ糸の跡があるからノートの1ページを破ったと思われる。

「私はすばらしい貴国へ行くことを空想していた。演劇というものに興味をもち出して以来、私は真の演劇の至宝『歌舞伎』と『能』の最も熱心な崇拝者とならずにはいられなかった」「映画についての見解および一般的な意味においても、友人としての貴君を発見したことをこの上なく喜ぶ」

『わが映画の青春』（中公新書）の図版と同一で、１９２８年の衣笠のソ連滞在中に渡されたものと思われる。

衣笠の渡欧の目的は『十字路』の輸出とともに、ソ連映画に代表される欧州の新傾向の映画を見ることだった。

東京での『十字路』試写のおり、衣笠は後に東宝副社長となる映画プロデューサーの森岩雄▼に『戦艦ポチョムキン』（１９２５年）の話を聞いた。当局に公開が認められず、保税倉庫にあるものを森はひそかに見たという。森の感想を聞き、衣笠はいてもたってもいられなくなった。

以下『わが映画の青春』に沿って、その見聞を追ってみよう。

モスクワに入った衣笠は、ＢＯＫＣ（対外文化連絡協会）の案内で、まず『母』の監督フセヴォロド・プドフキンに会う。プドフキンはソ連映画の現状を熱心に説明。衣笠は複数のショットを組み合わせるモンタージュの意義を直に聞いた。

ちょうどそのころ二代目市川左團次（いちかわさだんじ）▼一行がモスクワに入る。歌舞伎の初の本格

森岩雄（1899-1979）　33年P.C.L設立時に取締役となり、東宝にプロデューサー・システムを導入する。公職追放後、51年に東宝復帰、62年副社長。ATGの創設にも貢献した。

市川左團次（二代目、1880-1940）　歌舞伎役者の傍ら、演劇革新運動として09年に小山内薫と自由劇場を立ち上げ、翻訳劇に出演。28年に初の歌舞伎海外公演をソ連で打つ。

的海外公演のためだ。この公演を見るためにエイゼンシュテインは撮影中の『全線』のロケを中断して、モスクワに戻る。衣笠は急ぎ私邸を訪問する。

当時30歳のエイゼンシュテインは『十月』の場面写真を１００枚ももち出し、身ぶり手ぶりを交えて、どんな撮影だったかを話した。後日、衣笠はその写真をもってレニングラードを旅し、その現場を一つひとつ確かめたという。

左團次のモスクワ公演を、エイゼンシュテインと衣笠は席を並べて見た。出し物は『仮名手本忠臣蔵』だった。

エイゼンシュテインが感動したのは、松の廊下で血をおさえて逃げてくる師直(もろなお)に袖を汚された若狭之助が、烈火のごとく憤る場面。言葉をかわすのも汚らわしいと、長袴(ながばかま)の裾をさっと蹴ってひるがえし、テン、テン、テンと太鼓の音で奥に入る。

「これこそトーキーだ！」とエイゼンシュテインは感心した。怒りの感情を、長袴の裾、太鼓の音で同時に表現しているというのだ。ソ連はすでにトーキー映画の研究に着手しており、エイゼンシュテイン、プドフキンらは『トーキーについての共同宣言』を発表していた。衣笠はここでも大いに触発される。

1か月のモスクワ滞在後、ソ連留学中の中條百合子▼と湯浅芳子▼にレニングラードの波止場まで見送られ、衣笠はベルリンに向かう。ここではウーファの撮影所で『月世界の女』を撮影中のフリッツ・ラング▼監督に『十字路』を見せて意見を聞き、撮影現場も見学している。

衣笠は千田是也とともに撮影現場を見学。グスタフ・フォン・ワンゲンハイムというドイツ人俳優と知り合う。ロケット技師の役で、巨匠ラングと対等に口をきくのが印象に残った。

驚くことに、衣笠と千田はこのドイツ人俳優と組み、ベルリンでトーキー映画を撮る計画を立てる。今でこそそんな旅する監督も珍しくはないが、90年以上も前の話だ。衣笠のフットワークの軽いこと！

衣笠が考えたのは映画作りについての映画だ。ベルリンの街で労働者の映画を撮ろうとしている監督は、実は労働者のことがまるでわかっていない。スポンサーの夫妻に頭が上がらない監督は、いかにも仕事をしているように、撮影のふりをしてみせる。やがてスポンサーの夫と主演女優の関係がばれて……。そんな一日の話をベルリンの朝から夜までの実景を織り込んで撮る。

中條百合子（1899–1951）　小説家。17歳で『貧しき人々の群』発表。結婚、離婚を経て湯浅芳子とソ連へ。帰国後日本共産党に入党、宮本顕治と再婚。『伸子』『播州平野』。

湯浅芳子（1896–1990）　ロシア文学者、翻訳家。24年から中條百合子と共同生活をはじめ、27～30年はともにソ連に滞在。チェーホフ、ゴーリキー、ツルゲーネフなどを翻訳。

フリッツ・ラング（1890–1976）　映画監督。『ドクトル・マブゼ』（22年）、『メトロポリス』（27年）、『M』（31年）でドイツ映画黄金期を築く。亡命先の米国で『暗黒街の弾痕』（37年）などフィルムノワールを撮る。

ワンゲンハイムの失業中の演劇仲間たちが出演することになり、フランスで注文したパルボのカメラ一式も届いた。しかしあてにしていた『十字路』の上がりが底をつき、結局この映画は実現しなかった。映画の物語と同じく、フィルムの１コマも回ることなく。

『十字路』のフィルムは１９５０年の松竹下加茂撮影所の火災で焼失したが、この時輸出したフィルムの１本がロンドンのナショナル・フィルム・アーカイブに保管されていた。１９５９年に渡欧した衣笠が確認し、プリントの里帰りも実現した。

海外雄飛で得たのは観客と知見だけでない。作品の生命も永らえたのだ。

Ⅲ　極彩色の王朝絵巻、総力で挑戦

サイレントからトーキーへ、白黒からカラーへ。映画は技術革新を伴う芸術だ。衣笠と大映京都撮影所のスタッフは１９５３年、日本初のイーストマン・カラー作品『地獄門』に総力で挑んだ。極彩色の王朝絵巻は世界を驚かせた。

カンヌが称賛した『地獄門』

「願かけに行こう」。衣笠はとうとうそう言いだした。『地獄門』の撮影中のこと。どんなに頑張っても色がにじんでしまう。馬の房の青と赤がはっきり発色せず、全体に紫がかかる。「これはスタッフの行いが悪いからや」と衣笠。残るは神頼みしかない。衣笠は下駄ばきで腰に手ぬぐいという姿のまま、二人の美術助手を連れて、撮影所の片隅のお稲荷さんに向かった。

当時助手だった美術監督の西岡善信▼さんはよく覚えている。衣笠は手を合わせて拝んだ後も「お稲荷さん、聞いてくれたやろな」と不安げだ。もう一人の助手の加藤茂が「試してみたらどうですか」と答えた。

衣笠は履いていた下駄を放った。

「いい色が出ますように！」

ところが下駄は裏返しになった上に、ぱかーんと割れてしまった。

衣笠の不安とは裏腹に世界は『地獄門』を称賛した。カンヌ国際映画祭で日本映画で初のグランプリを受賞。審査員長のジャン・コクトーは「映画と美の到達点。能のもつ完成美」と絶賛した。アカデミー賞でも外国語映画賞を受け、色彩指導を務めた洋画家の和田三造▼は衣装デザイン賞（色彩映画）を受賞した。

冒頭のタイトルの背景から、和田による極彩色の油彩画だ。蒔絵の箱を開け、平治物語の絵巻をひもとくと、後白河院の御所・三条殿の焼き打ちの図が現れ、色とりどりの装束の貴族たちが逃げ惑う場面にオーバーラップする。

「まったく一からの挑戦。どんな色に写るか、すべてテストをやってみないと

西岡善信（1922–2019）　美術監督。48年大映京都入社。『炎上』『弁天小僧』『越前竹人形』などを手がける。大映倒産後、旧大映のスタッフとともに72年に映像京都を設立。『鬼龍院花子の生涯』『利休』『御法度』など。

和田三造（1883–1967）　洋画家。黒田清輝に師事。東京美術学校卒。代表作に『南風』。海外留学後は工芸美術の研究にもあたる。27年に日本標準色協会を設立。

わからなかった」と振り返るのは撮影監督の森田富士郎▼さん。当時はセカンド助手として、撮影の杉山公平のすぐ脇でピントマンを務めた。

カラー撮影で最も重要なのは色温度だった。スタジオでは3200K（ケルビン、絶対温度）、戸外では5500～6000Kを想定しており、これを厳密に保持した。色温度が狂うと全然違う色調になってしまうからだ。

照明部がライトをセットすると、撮影部が色温度を測定する。電球の色温度は使用するうちに落ちていくので、すぐに交換する。戸外でも午後3時以降は撮影しなかった。色温度が下がって赤みが強くなってしまうためである。

室内のシーンが明るすぎるのは、光をあてないと色が出ないからだ。例えば薄暗い欄間（らんま）がブルーになってしまう。人物の肌の色を最優先し、正面からのフラットな光を強くした。

10キロワットのライトがずらりと何十台も並んだ。すごい熱だ。「ホリゾントがビシッビシッと割れた。電球は一日に何灯も破裂した。ドカーンと音がして、ガラスが飛び散った」と森田さん。

なだらかな階調による繊細な陰影とはほど遠い「原色めいた調子」（森田さん）

森田富士郎（1927-2014）　撮影監督。47年大映京都入り。『眠狂四郎』『座頭市』『大魔神』シリーズなどを手がける。大映倒産後は『鬼龍院花子の生涯』『利休』など。

『地獄門』（1953年、大映京都、衣笠貞之助監督）
夫のいる袈裟（京マチ子）に荒武者・盛遠（長谷川一夫）が懸想する物語。原作は菊池寛『袈裟の良人』。中山信子さんは「身分の高い既婚女性に対する若い男の恋物語は、中世の騎士道物語以来、フランスの恋愛小説の基本パターンでもある」と指摘する（©KADOKAWA 1948）

になった。ただ、その強烈な色彩と平面的な絵画性が、欧米で「東洋の美」と解釈された。撮影、照明、美術など大映京都のスタッフの勝利には違いない。

『地獄門』は大映の永田雅一▼社長が社運を賭けたプロジェクトだった。１９５１年、永田は社内に天然色映画処理委員会を設置。戦前からの名カメラマン、碧川道夫▼技術顧問を中心に総力体制を整える。ライバルの松竹は同年、フジカラーで撮った日本初のカラー作品『カルメン故郷に帰る』を公開していた。

碧川は富士、小西六、アンスコ、アグファなど各社のカラーフィルムを比較検討。プリントの大量生産に適したネガポジ式で、外光だけでなく室内の撮影にも対応できるフィルムを開発中だったイーストマンの採用を決める。

衣笠、杉山らはカラー映画研究のため米国に1か月半も派遣されワーナー・ブラザースのラボなどを見学。照明の龍電社はカラー撮影用のライトを開発した。通産省から色彩科学の専門家である東京工業試験所の安達直義技官も招いた。戦後、米軍の軍服作りを日本で請け負った際に、色の誤差の計測にあたった人だ。

東洋現像所（現・ＩＭＡＧＩＣＡ　ＧＲＯＵＰ）はカラー・ラボを東京の五反田

永田雅一（1906-1985）　映画プロデューサー。日活、第一映画社、新興キネマを経て戦時下に大映設立に動く。47年大映社長となり、『羅生門』『雨月物語』『地獄門』などを手がける。

碧川道夫（1903-1998）　撮影技師。20年松竹入社、ヘンリー小谷に師事。日活に移り内田吐夢『土』などを手がける。戦後は大映で技術顧問となり『地獄門』の色彩監督を務める。

に新設した。当初は米国での現像を予定していたが、急きょ変更した。きっかけはワンマン永田の一言。「碧川、『地獄門』のネガを乗せた飛行機が落ちたらどうする。会社は、それっきりだな」（山口猛編『カメラマンの映画史』）。東洋現像所の幹部は急ぎ米国に飛び、試行錯誤の末に国内現像をやり遂げた。

大映の後身である角川書店と国立映画アーカイブは２０１１年に、ＮＨＫ、ＩＭＡＧＩＣＡと協力して、『地獄門』をデジタル復元した。日本映画では珍しく３色分解したマスターポジが残っており、これをもとに公開時の色彩をよみがえらせた。

監修は森田さん。血が出る場面で「あの赤が出なかった」と鮮明に覚えていた。今のデジタル技術ではどんな赤でも出せる。「狙いの赤にならず、少しでも近づけようと努力し、ＯＫを出したのが当時の赤。その赤に合わせた」とＩＭＡＧＩＣＡの三浦和己さん。できた喜びより、できなかった無念を覚えている。それが職人気質であり、挑戦者精神なのだろう。

写るか写らないかというスリリングな緊張感が、『地獄門』の背後にあった。

和田三造『南風』（1907年、油彩、キャンバス、151.5×182.4cm、東京国立近代美術館所蔵）
和田は24歳の時、この作品で第１回文部省美術展覧会の最高賞を受けた

和田三造の肌色チャート

黒い表紙の分厚いファイルをめくると、肌色のカードがずらりと並んでいた。本物の肌のように生々しい。

さいたま市の日本色彩研究所には『地獄門』のために試作した「肌色色票」が大切に保管されていた。横軸に彩度、縦軸に明度をとり、それに応じた3センチ角の色票が並ぶ。横12列、縦7列に分類されたチャートが14ページ。肌色に特化した色票なのでステップが細かく、微妙な色調の変化を示す。

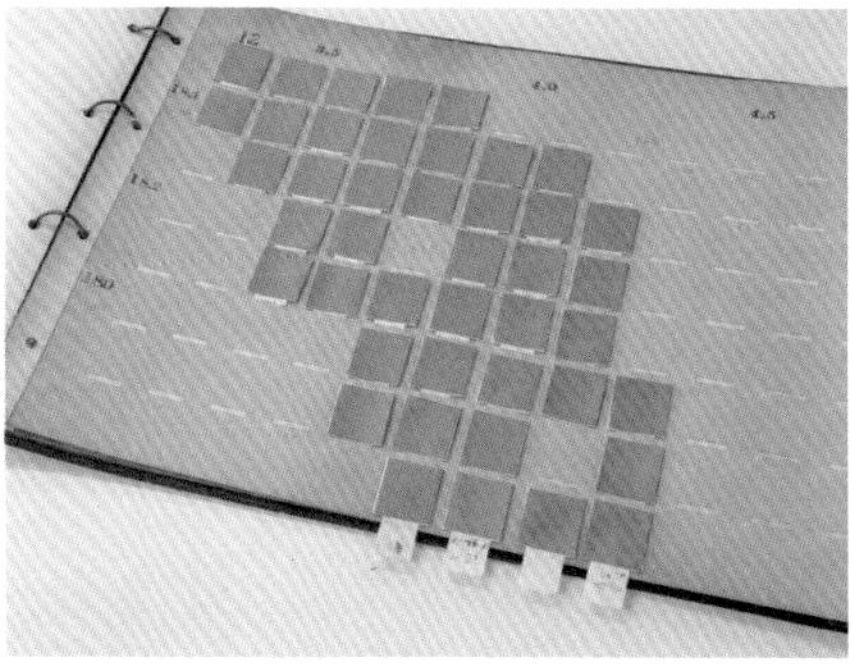

通常の標準色票はツルンとした無機質なものだが、この色票は人肌のような質感がある。「ビニールの原料に顔料を入れ、温め、のして作ったんです」と相馬一郎特別顧問(当時)。色票は一枚一枚取り外せるので、肌に重ねて

日本色彩研究所が「地獄門」のために試作した肌色色票（写真提供　日本色彩研究所）

確認できる。

和田三造が創設した同研究所は当時、東京・赤坂にあった。和田の私邸が研究所になっていた。相馬さんによると、京マチ子、長谷川一夫ら主な俳優が来訪し、分光光度計を使って肌の色を測ったという。肌色を測るとは、色相や明度、彩度を物理的に測定するという意味。その肌色がフィルム上でどんな色に再現されるかをテストし、メーキャップなどでこういう色にしなさいという指標にした。

「後に医療用や化粧品用に応用されました」と相馬さんは振り返る。同研究所は1927年に日本標準色協会として創設、国の要請に応えて色の基準作りに取り組んだが、戦後は色彩教育の分野での仕事が中心だった。「社会の需要に応える仕事は『地獄門』がきっかけだった」と相馬さん。以後、石油会社や自動車メーカーなど企業の受託研究が急増する。日本はまさに色彩豊かな高度経済成長の時代に突入しつつあった。

重要文化財『南風』（1907年）で知られる和田は、色彩研究の専門家でもあった。フランス留学の帰途、インドや東南アジアを旅し、織物などを多数収集。同研究所を作ったのは、集めた色のサンプルを整理するためでもあった。「多才な人。工学や心理学などさまざまな分野の人を集めるプロデューサー的な人だった」と相馬さん。美食家の和田は、京都の祇園もたびたび訪れていたという。

衣笠はこのころ仕事に入ると百万遍の自宅から、祇園に移るのが常だった。西岡さんによると『地獄門』の時もひと月前から白川近くの旅館の2階に入り、助監督や脚本家、美術スタッフなどと打ち合わせをした。

セットの平面図を衣笠は自ら引いた。「昼ごろから浴衣姿で座ってデザイン用紙に向かっていた」と西岡さん。「背景がこう、人物がこう、カメラはここ」と自分で描く。芝居の演出を考えて「縁の大きさはこれくらいでいこうか」と細部まで指示する。美術スタッフはそれを実際に建て込むための図面に起こしていく。

おなかがすくと「おうな（鰻）とるか?」「冷たい魚そうめんにしよか?」と食事を注文。風呂上がりには物干し台から祇園の町を眺めた。仕事が終わるころになると東京から招いた美術の伊藤熹朔（いとうきさく）▼と弟の千田是也がやってきて、お茶屋にくり出す。「お茶屋遊びは衣笠さんと熹朔先生に教わった」と西岡さんは笑う。

セットやオープンセットの建設現場が好きだった。「上等のいり豆を大きな袋

伊藤熹朔（1899-1967）　舞台美術の第一人者として新劇、新派、歌舞伎などで活躍する傍ら、溝口健二『雨月物語』、木下恵介『楢山節考』など映画の美術も担当。千田是也は弟。

に入れて持ち歩き、大道具の棟梁に勧める。食べながら仕事の進み具合を見ていた」と森田さん。とりわけ造園にはうるさく「植木ばさみをもって自分でチョキチョキ切っていた。ヒイラギのような葉にツヤのある木は自分で洗っていた」

後に売り出す女優の山本富士子▼を演出するときも「すべての所作を自分でやってみせた」と西岡さん、森田さんは口をそろえる。日本的な情感表現は女形以来、身に染みついていた。

「衣笠さんみたいに仕事ができたら楽しいだろうな」と西岡さんは言う。半分は趣味、半分は仕事。若き日には外国にまで行って遊んだ。趣味の深さが違う。「いろいろなものを吸収する力、取り込んで自分のものにする力が誰よりもまさっていたのだと思う」

映画が若かった時代から映画の黄金時代までを駆け抜けた衣笠貞之助。１００年近くを経て、映画を取りまく環境はすっかり変わってしまったが、その挑戦心は今も輝きを失わない。さまざまな才能を結集し、自由な発想で、新しい可能性に挑む。それが映画という創作の根っこにある不易の営みだからに違いない。

山本富士子（1931-）女優。ミス日本から大映入り。衣笠貞之助『婦系図　湯島の白梅』、吉村公三郎『夜の河』で主演。他社作品に小津安二郎『彼岸花』、豊田四郎『濹東綺譚』。

第3章

躍動するパッション

伊藤大輔

Ⅰ　活劇のリズム、近代劇の深み

熱情と悲壮美、活劇の躍動感。日本映画史上のベスト1に選ばれた『忠次旅日記』をはじめ多くの傑作時代劇を撮った巨匠、伊藤大輔（1898～1981）。まずは数少ない現存する戦前のフィルムから、その魅力を再発見する。

緊迫感高めるモンタージュ

「呼吸のリズムに自然と入ってくる。気持ちを高揚させ、心身のリズムをかき立ててくれる。震えるほど好き」

澤登翠（さわとみどり）さんは伊藤大輔作品の弁士を務めるたびにそう感じる。

例えば『斬人斬馬剣（ざんじんざんばけん）』（1929年）。

『斬人斬馬剣』（1929年、伊藤大輔監督）
農民をはりつけにした十字架が立ち並ぶ場面のスチル写真。現存するフィルムに十時が十字架に上るショットはない（国立映画アーカイブ所蔵）

月形龍之介演じる浪人・十時来三郎が率いる白馬隊が走る。河原では悪代官たちが、越訴（おっそ）した農民たちをはりつけにしようとしている。十時は農民たちを救おうと河原へ急ぐ。

画面の右から左へと疾走する白馬隊。追いかける代官側の黒馬隊。画面の下から上へと次々に立ち上がる十字架。それらが交互に映し出される。馬たちが横へ横へと走る。十字架が縦へ縦へとそびえる。

横、横、縦、横、横、縦……。「モダンでシャープ」（澤登さん）なモンタージュが緊迫感を高める。

リズムがよいのは映像だけでない。字幕もそうだ。奸臣（かんしん）の額を斬って歩く十時に対し、城代は浪人たちを刺客に雇う。刺客が次々と十時を狙う。しかし、十時は剣さばきで圧倒し、そのたびに刺客に問う。

「貴様、何の為に俺を斬る」

「飯の為だ」

「飯は何で作る」

「飯は米で作る」

「その米は一体誰が作るのだ」

この問答が繰り返される。刺客たちは次々と十時の仲間になっていく。

「ユーモアがあって、知的。お客さんはクスクス笑う。月形の飄々とした魅力が横溢（おういつ）している」と澤登さん。「熱情で押しまくるだけではない。テンポもリズムも緻密に考えられている」

終幕、十時は「俺は神様にされて担ぎ回られたくないのだ」と言って、独り飄然と村を去る。そこにも澤登さんは感じ入る。

「十時は自己を対象化できる人間。伊藤大輔監督もそうなのではないか」

伊藤大輔は1898年、愛媛県宇和島市に生まれた。旧制松山中学に進むと「伊藤葭」のペンネームで少年雑誌の常連投稿者となり、文才を全国にとどろかせた。学友だった後の映画監督・伊丹万作らと回覧雑誌を作っていたのもこのころだ。

中学卒業後は地元の新聞社などを経て、呉の海軍工廠（こうしょう）に勤めた。ここでゴーリキー『どん底』を上演するなど、演劇に傾倒。小山内薫（おさないかおる）▼の指導を受ける。

1920年に小山内を頼り、上京。この年に設立された松竹キネマ合名社付属の俳優学校に入る。小山内の推薦で松竹第1回作品『新生』の脚本を書き、以後、

小山内薫（1881-1928）　日本の近代演劇の礎を築いた劇作家、演出家。松竹キネマ草創期に理事、俳優学校校長。21年、松竹キネマ研究所所長として村田実『路上の霊魂』を指揮。

『斬人斬馬剣』（国立映画アーカイブ所蔵）

松竹蒲田撮影所の初期作品のシナリオを数多く執筆した。

「小山内薫に目をかけられ、近代劇を学び取った。欧米の戯曲を大量に読んでいた」と語るのは映画研究者の佐伯知紀さん。近代劇という自身のベースを、黎明期の日本映画にもち込んだのだ。

伊藤が作った「時代劇」は、前世代の尾上松之助（おのえまつのすけ）の映画のような歌舞伎の舞台を引き写した「旧劇」ではない。講談調でも、勧善懲悪でもない。

国定忠次を仁義に富んだ侠客としてではなく、子分たちに裏切られ落ちぶれていく敗残者として描く。代表作『忠次旅日記』３部作（１９２７年）は、近代劇のドラマツルギーに根ざした新しい「時代劇」だった。「そこには様式美ではない現代感覚が盛り込まれている」と佐伯さん。

『斬人斬馬剣』『一殺多生剣（いっさつたしょうけん）』（１９２９年）は階級闘争の視点をもつ「傾向映画」でもあった。「反乱に込めたメッセージを解読できる観客がいた」と佐伯さん。

さらにそこにチャンバラなどの「活劇」の要素が加わる。名前をもじって「イドウダイスキ」と呼ばれたほどのダイナミックな移動撮影や、映像の冒険。１９２０年代後半に、伊藤は日本映画の最前線に躍り出た。

「忠義や英雄豪傑を描くだけだった映画に、内面をもたらした。国定忠次も苦悩する近代人。悩み、傷つき、怒り、愛する。人間がいる」。澤登さんは『忠次旅日記』の深みについてそう語る。

『斬人斬馬剣』もそう。「抑えよう抑えようとしていた、やむにやまれぬ感情が鮮烈に発露する」（澤登さん）のだ。

多勢を迎え撃つ壮絶な立ち回り

「このごろの東映のチャンバラはなんだ！」。映画監督の中島貞夫▼さんは20代のころに耳にした時代劇の大御所、伊藤大輔のそんな言葉を覚えている。

東映京都撮影所で田坂具隆（たさかともたか）▼監督の助監督についていたころのことだ。確か『ちいさこべ』（1962年）だったと中島さんは記憶する。やはり東映で『宮本武蔵』5部作を撮っていた内田吐夢（うちだとむ）監督と伊藤が連れ立って、田坂のスタッフルームにやってきた。3人は戦前の日活時代の仲間だ。

当時の東映の立ち回りは市川右太衛門や大川橋蔵▼らスター中心の絢爛（けんらん）たる殺陣

中島貞夫（1934-）映画監督。59年東映入社。京都撮影所で加藤泰、沢島忠、マキノ雅弘、田坂具隆らの助監督につく。監督作に『懲役太郎　まむしの兄弟』『やくざ戦争　日本の首領』など。

田坂具隆（1902-1974）映画監督。24年日活京都入り。32年伊藤大輔、内田吐夢らとともに脱退。復帰後、日活多摩川で『五人の斥候兵』『路傍の石』『土と兵隊』。戦後は『五番町夕霧楼』など。

大川橋蔵（1929-1984）俳優。歌舞伎界から東映入り。55年『笛吹若武者』でデビュー。『新吾十番勝負』シリーズなどで美男スターとして活躍。テレビでは『銭形平次』が当たり役となる。

だった。それが、斬られる側が斬られやすい方に入ってくるように見えたのだろう。「迫力がないんだ」。巨匠たちの話の内容には説得力があった。

中島さんは撮影所に入って間もなく映画斜陽期を迎えた世代だ。『くノ一忍法』（１９６４年）で監督となり、チンピラたちを描いた『８９３愚連隊』（１９６６年）で注目されたが、本格的な時代劇を撮る機会はなかなか巡ってこなかった。

中島さんの脳裏に伊藤の言葉がよみがえったのは１９７２年。テレビで人気が出た『木枯し紋次郎』を菅原文太▼主演で映画化した時だ。剣法を正式に習っていない無宿者・紋次郎のケンカ殺法。それは逃げるための立ち回りだ。相手をやっつけるより、どうやって生き延びるか。

「映画では殺陣をやる奴のその時の状況、心情をきっちり作らないといけない。映画の中で使える殺陣は何だ？　それは命と命のやりとりだ。ならば命をどうみつめるかが大事だ」と気づいた。

後に中島さんは、伊藤の『長恨』（１９２６年）を見て、合点がいった。愛した女・雪枝と失明した弟・次馬を逃がすため、大河内傳次郎（おおこうちでんじろう）▼演じる勤王の志士・壱岐一馬は一人で大勢の敵を引きつける。逃げるのではなく、身をかわす。取り囲

菅原文太（1933-2014）俳優。新東宝、松竹を経て東映入り。脇役で好演する一方、与太者役で主演。実録路線『仁義なき戦い』（73年）でトップスターに。他に『トラック野郎』シリーズ。

大河内傳次郎（1898-1962）俳優。26年日活大将軍入社。伊藤大輔に見いだされ『長恨』でデビュー。『忠次旅日記』に主演し、時代劇スターとなる。『新版大岡政談』の丹下左膳が当たり役。37年Ｊ・Ｏ・スタヂオ（後の東宝）移籍後は黒澤明『姿三四郎』などに出演。

まれても、場をもたせる。勝ち目のない戦いの中で、何とか時を稼ごうとする立ち回りだった。

『長恨』は、伊藤が流浪の末に日活大将軍（たいしょうぐん）撮影所に入っての第1回作品。当時は無名の大河内を初めて起用した作品でもある。幸い終幕の立ち回りの場面だけはフィルムが現存している。

壮絶な殺陣だ。一馬は「寄らば斬るぞッ！」と叫びながら、たった一人で多勢を迎え撃つ。弟と女は逃げる。その両者の姿が繰り返し映し出される。一馬は御用提灯（ちょうちん）に追い回される。戸板に取り囲まれ、短剣が投げられる。髪は乱れ、額から血が流れる。前をはだけ、足はふらつく。そして縄が絡みつく。

「次馬！」と弟の名を一馬は叫ぶ。はるか遠くを逃亡中の弟は聞こえるはずのない声を聞く。「兄上が呼ばれたッ！」と弟。一馬はまた叫ぶ。「雪枝どの……」。満身創痍の一馬は階段を落ちていく。

２０１８年、中島さんは20年ぶりに劇映画のメガホンをとり、チャンバラ映画『多十郎殉愛記』に挑んだ。冒頭「伊藤大輔監督の霊に捧ぐ」と字幕が出る。物語の下敷きにしたのは『長恨』だ。

『長恨』（１９２６年、日活大将軍、伊藤大輔監督）
一馬役の大河内傳次郎（京都文化博物館所蔵）

筆者はこの年の4月、京都・嵯峨野の撮影現場を訪ねた。高良健吾演じる多十郎が何十人という見廻組の追っ手と乱殺陣を繰り広げていた。「カメラが見えない人はカメラを捜せ！　レンズが見えないって人は映ってないんだよ！」。竹林に83歳とは思えない中島さんの大声が響いた。

「今は大チャンバラをやるだけの人数がいない。映画会社がそれを抱えることができない」と中島さん。それでも吉本興業の若手らを2週間ほど特訓し「そこそこの動きまではいった」。

「おとよ！」。高良健吾が愛する女性の名を絶叫する。92年の時を越え『長恨』の魂が虚空に共鳴した。

Ⅱ　発見された映画術の極み

長く散逸したと思われていた代表作『忠次旅日記』の発見に続き、『長恨』『斬人斬馬剣』『一殺多生剣』と相次いでフィルムが見つかった。そこにはどんな映画術が潜んでいたのか。

よみがえったボロボロのフィルム

縮んでしまって編集機にかけられないフィルムを、ライトボックスの上にたぐり寄せる。ルーペをのぞき、一コマ、一コマ、写っているものを確認する。ほこりやゴミが付着していて、目を凝らしても、画像はよく見えない。

１９９１年の末。東京国立近代美術館フィルムセンター（現・国立映画アーカイブ）に勤めていた佐伯知紀さんは、広島からもち込まれたボロボロのフィルムと格闘していた。「それ」だと確信したのはこの字幕を見た時だった。

折からの月明に
夜を籠(こ)めて
一路国定村へ――

確かにこのフィルムが『忠次旅日記』だ！　佐伯さんが文献から知り、映画監督の加藤泰や映画史家の御園京平ら多くの先人からもたびたび話を聞いていた保津川ロケの場面だった。痛風を患う忠次を子分たちが戸板に乗せて、故郷へ向かう。頭の中で想像していたその場面が、いま目の前に立ち現れた。

伊藤大輔監督『忠次旅日記』は１９５９年７月のキネマ旬報で、日本映画60年のベストワンに選ばれた。２位は溝口健二監督『祇園の姉妹(きょうだい)』（１９３６年）、３位は小津安二郎監督『生れてはみたけれど』（１９３２年）。まさに日本映画史上の最高傑作という評価だ。

しかし戦後はフィルムが散逸し、もはや見ることができない幻の作品となっていた。この投票も戦前からの評論家によるもので、戦後の評論家はほとんど誰も見ていない。そんなフィルムが広島の民家で発見されたのだ。

佐伯さんをはじめとしたフィルムセンターのスタッフによる修復、上映は日本映画史に残る快挙となった。その後も『長恨』『斬人斬馬剣』と、伊藤作品の発見は続いた。

２０１２年にはさらなる発見があった。ゲームなどの映像演出家でもある映画研究者の牧由尚（まきよしたか）さんが『一殺多生剣』を見つけたのだ。

牧さんがネットオークションで購入し、自宅に届いた80本のフィルムの中に『一殺多生剣』はあった。短縮版の16ミリフィルムが2缶。「さびたフィルム缶をドライバーでこじ開けると、酢酸（さくさん）の臭いがツーンとした」と牧さん。アセテートフィルムが加水分解を起こしていた。

「一殺多生剣」「伊藤大輔」の文字だけを確認した牧さんは、すぐにフィルムを紙で包んで現像所に送った。フィルムの劣化は激しかった。幅は2ミリ以上も縮み、フィルムを送る穴の間隔も0・2ミリ縮んでいた。機材にもかけられない。

大阪芸術大学の太田米男教授（当時）の助言で、京都映画祭での上映を条件に助成を受け、35ミリネガにブローアップして復元することにした。現像所のＩＭ

ＡＧＩＣＡウェスト（現・ＩＭＡＧＩＣＡ　Ｌａｂ．）は、フィルム全面に付着した結晶を取り去り、送り穴の欠損部分を手作業で修復。それでも強度が足りないので、１コマずつフィルムを送りながら焼き付けた。判読できない字幕は、伊藤の遺品にあった当時の資料を参考に、牧さん自身の手で復元した。

縮んだフィルムを伸ばした際に乳剤が細かく裂けてしまい、そこが白く抜けるため、終幕の乱闘シーンはまるで吹雪の中で闘っているようだ。それでも『一殺多生剣』はよみがえった。「何とか鑑賞できるというレベルの復元フィルムだが、この機会を逃せば永久消滅の危機だった」と牧さんは振り返る。

『一殺多生剣』は官軍が制圧したばかりの江戸が舞台。武士の世の終わりを悟って彰義隊（しょうぎたい）に加わらなかった旧幕臣と、横暴な官兵に反抗して権力の象徴である「錦布（きんぎれ）」を盗むスリの物語だ。この二役を市川右太衛門が演じる。虐げられた者たちの反逆のパッションがほとばしるアクションシーンは圧巻だ。

「ためて、ためて、感情が爆発する瞬間、主人公とともにカメラが動き出す」

牧さんの言う「カタルシス」が、よみがえったフィルムに確かに映っている。

『一殺多生剣』（１９２９年、市川右太右衛門プロ、伊藤大輔監督）（スチル写真は国立映画アーカイブ所蔵）

卓越した技巧、鮮やかな語り口

伊藤大輔の活劇の魅力はどこから来るのか。牧さんはその源泉は「趣向を凝らしたチャンバラにある」と見る。

戦前の伊藤作品はほとんどが散逸したが、家庭向けの玩具映画はいくらか残っている。チャンバラシーンだけを30秒程度、長いもので2分程度にまとめたフィルムだ。当時の映画好きが大切に保管していたもので、牧さんも収集してきた。牧さんと一緒にそれらの断片を見て、ぶっとんだ。

乱闘のあいだ、強風が吹きすさび画面いっぱいに枯れ葉が舞い続ける（『旅姿上州訛』）。

暗闇の中を龕灯（がんとう）の光がぐるぐる回る（『月形半平太』）。

部屋の中に弓隊が現れ、一斉に矢を射る（『続大岡政談魔像篇』）。

捕り手の戸板に囲まれた主人公が槍（やり）で戸板を串刺しにし、次々と空中に跳ね上げる（『素浪人忠彌』）。

走り回りながら、奪った刀をまるでラグビーのように次々と投げ渡していく

（『新版大岡政談解決篇』）。

いやはや、よくぞ、考えたものだ。先の展開が読めない。ハラハラ、ドキドキする。「毎回必ず違ったことをやろうとしている。伊藤のチャンバラを見ていると飽きない」と牧さん。「払った木戸銭の分は楽しんでもらう」が伊藤の信条だった。

アイデアのみならず、技巧も卓越している。語り口の鮮やかさは「伊藤話術」として同時代の批評家からも高く評価された。

フィルムセンター在職中に『忠次旅日記』のデジタル修復を手がけた神戸大学の板倉史明准教授は、伊藤話術の特徴を3点に集約する。

第一は「堅固なコンティニュイティ」。空間と時間の連続性を正確なつなぎで表現した。例えば『血煙高田の馬場』（1928年）の乱闘シーン。激しいカメラ運動の中にも、二つのショットにわたってアクションとアクションが滑らかにつながる「アクションつなぎ」が厳格に達成されている。

第二は「フラッシュ」の技法。瞬間的におびただしい数の短いショットをつなげて、激しい視覚効果を発揮する技法だ。フランスのアバンギャルド映画の影響を受けたと思われる。高速モンタージュがさらに加速していくことで、登場人物の切迫した心情を表現する。『長恨』で御用提灯に取り囲まれた大河内傳次郎演じる主人公が目まいを起こすシーンなどで効果的に使われている。

『忠次旅日記』では子分の中に裏切り者がいることを知ったお品（伏見直江▼）が、子分の名を一人ひとり呼ぶシーンが見事だ。子分の顔を順番に写した後、それぞれの顔が次々とフラッシュで現れる。一体どいつが裏切ったのか。緊迫感がどんどん高まる。戸口に立ったお品が鎌をかけて「裏切り者の名が知れたよ！」と言った瞬間、思わず子分の一人が立ち上がる。お品がピストルでズドンと撃つ。

第三は「マッチカット」。類似物による滑らかな場面転換のことだ。例えば『御誂次郎吉格子』（1931年）。鼠小僧次郎吉（大河内傳次郎）が恋仲になった商売女お仙（伏見直江）と泊まった大坂の宿屋で、伸びたひげを触る。すると次のショットは時空を超えて、江戸の床屋でひげを剃られている次郎吉の場面になる。剃っているのは妹のお仙を食い物にした悪辣な兄（高勢実乗▼）だ。

この手法はトーキー作品でも音によるつなぎとして使われた。例えば『鞍馬天狗』（1942年）の冒頭シーン。華やかな西洋人のサーカス団がパレードしてい

伏見直江（1908-1982）　女優。旅役者として3歳から舞台に立ち、築地小劇場を経て映画界へ。伊藤大輔『忠次旅日記　御用篇』（27年）が出世作。鉄火肌のヴァンプ女優として人気を得る。

高勢実乗（1897-1947）　15年に活動写真俳優となり、伊丹万作『国士無双』以後は喜劇で活躍。山中貞雄作品などに出演。「アノネのオッサン」「ワシャカーナワンヨ」で知られる。

『忠次旅日記』（1927年、日活大将軍、伊藤大輔監督）
お品（伏見直江）と忠次（大河内傳次郎）
（国立映画アーカイブ所蔵）

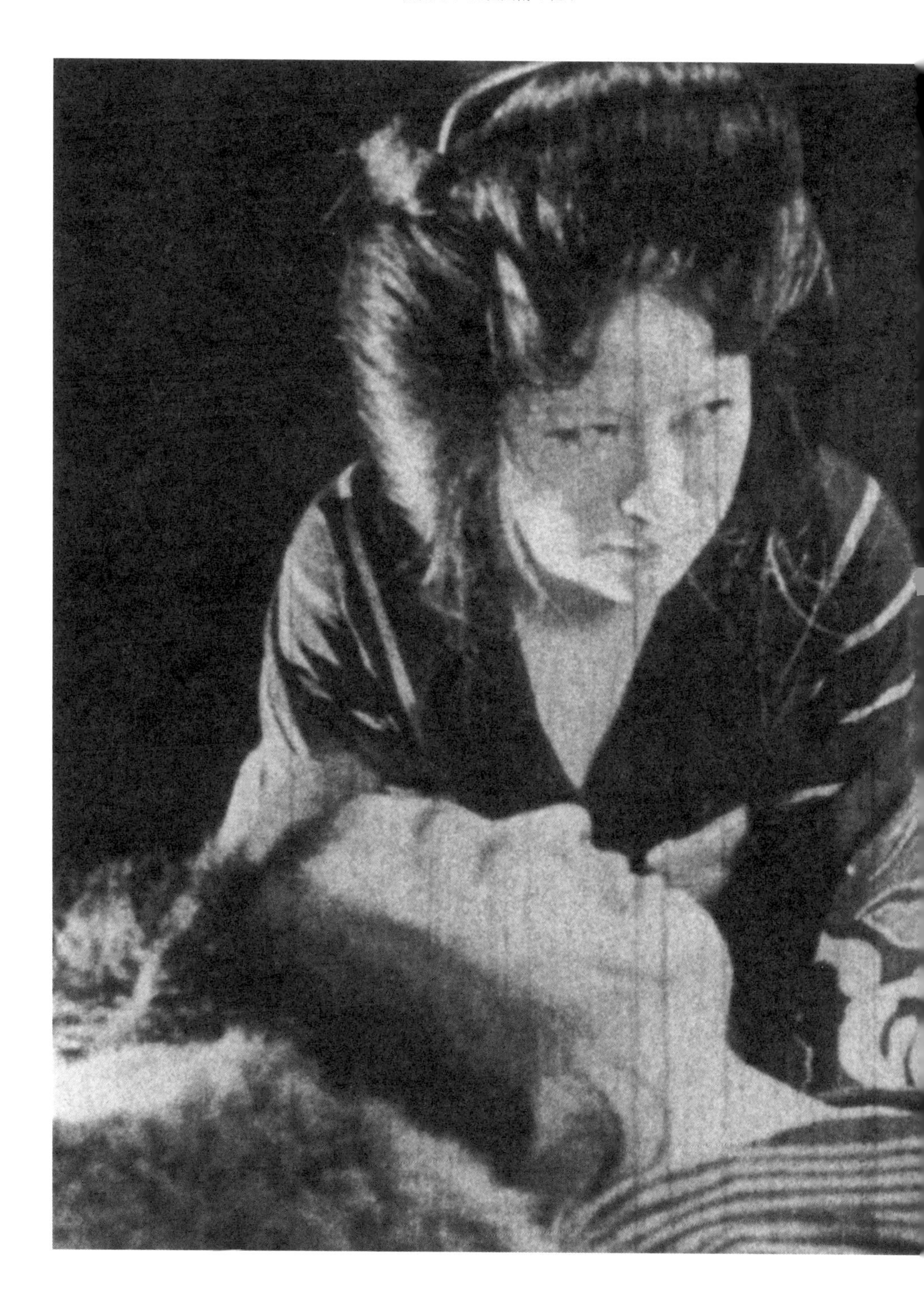

る横浜の街で、空に舞い上がる風船が割れてパンという音を立てる。その瞬間、洋館の室内で男がピストルを構えているショットにつながる。「マッチカットで流れるように明治初年の状況を提示している」と板倉さんは語る。

傑出した話術で一時代を画した伊藤だが、トーキー時代になると次第に「形式主義」と批判されるようになる。代わって若い山中貞雄がその卓越したテクニックをトーキーにうまく対応させ、独特の軽妙な時代劇を作り上げる。

１９２０年代後半の不況下の暗い世相を反映し、庶民の不満を反逆のドラマとして表現した伊藤。当局によって傾向映画が取り締まられた後の１９３０年代に、庶民の鬱屈をアナーキーな笑いに昇華した山中。京都の二人の時代劇作家はそれぞれの時代の映画術を極めていた。

Ⅲ　敗残者の涙と気高き魂

伊藤大輔は敗者を描き続けた。理不尽に裏切られ、落ちぶれ、反逆し、死んでいく敗者を。そこには不遇をバネに創作を続けた伊藤自身の影が垣間見える。ほとばしる熱情と気高き魂も。

硬骨直情の父、転々とした少年期

「結局、主人公が、ぼくのものは、全部敗北ですよ」。映画監督・加藤泰によるインタビューで伊藤大輔はそう答えている（『時代劇映画の詩と真実』）。その作品の多くは、時に裏切られ、理不尽に死んでいく敗残者の物語だ。

大事にしていた子分たちに次々と裏切られ、落ちぶれていく博徒（ばくと）の逃避行を描く『忠次旅日記』。武士の世の終わりを自覚した旧幕臣が、官兵の市民に対する横暴を許せず、官軍に独り立ち向かう『一殺多生剣』。徳川家康の嫡男（ちゃくなん）で優れた武将である信康が、今川の血を引くために織田信長に謀叛（むほん）の疑いをかけられ、父・家康にも見捨てられる『反逆児』（1961年）。

極め付きは『下郎の首』（1955年）である。田崎潤▼演じる下郎・訥平（とっぺい）は、親の仇（かたき）を捜（さが）す若い侍に仕えている。病気がちの主人をよく助けて、もう3年も旅をしている。そんな時、雨宿りで知り合った女の家で、主人の仇と遭遇し、偶然にも討ち果たしてしまう。

仇の道場の門弟たちはいきり立つ。一方の主人は仇を討ったのが下郎では、武士の面目が立たないと考える。下郎の身柄を引き渡せという門弟の手紙を受けとった主人は、字の読めない下郎に返書をもたせ、独りで逃げる。

返書には「下郎・訥平が身柄、いかようにご処分なされそうろうとも毛頭異議なし」と書いてあった。

そうとは知らぬ下郎は敵方に乗り込み、返書を渡す。手紙が読み上げられ、主人の裏切りを知った下郎は愕然とする。そして押し寄せる大勢の門弟たちを相手

田崎潤（1913–1985）俳優。軽演劇を経て48年マキノ雅弘『肉体の門』で映画初出演。東宝の『次郎長三国志』シリーズで桶屋の鬼吉役。伊藤大輔『下郎の首』で主演。

『反逆児』（1961年、東映、伊藤大輔監督、©東映）
信康役の中村錦之助

に、独り槍を振り回して闘う……。

無学だが誠実で気のいい下郎が、メンツにこだわり保身を図る主人に見殺しにされる。忠実に仕えた末のしっぽ切り。今日の会社や役所でもよくありそうな話だ。講談種に基づくこの物語を、伊藤は『下郎』（１９２７年）、『下郎の首』、さらに設定を変えて『この首一万石』（１９６３年）と３度も映画化した。

伊藤の「下郎」ものへの執心について、『時代劇の父・伊藤大輔』の著者、神津陽は伊藤の父祖の宇和島藩士・土居直三郎の逸話に原点を求める。直三郎は藩命に従い、藩がかくまった脱獄中の蘭学者・高野長英の門人となったが、後に幕府への発覚を恐れる藩の中で上手に立ち回れず、地位を失ったという。

伊藤大輔自身は直三郎が「自決して一切を湮滅（いんめつ）し去った」と父・朔七郎に聞かされた（『伊藤大輔シナリオ集Ⅱ』収録の随想「八百字の系譜」）。神津が調べた史実とは異なるが、神津はそんな父子の伝承に伊藤時代劇のエッセンスである「信義と裏切り」の主題を見る。

直三郎と同様に、朔七郎も時流にうまくのれなかった人のようだ。磯田啓二著『熱眼熱手の人』によると、「硬骨直情」の人で、夏目漱石と同僚だった旧制松山中学の教員時代はよく校長らと衝突したという。その後、宇和島中学に移り、さらに営林署(現・森林管理署)へ転職する。少年期の伊藤が四国各地の小学校を転々とし、時に親戚に預けられたのはそのためだ。

武家の血を引く父に5歳のころから『大学』の素読(そどく)を命じられたという伊藤少年。その繊細な感受性は各地を転々としたこの小学校時代に育まれたと映画研究者の佐伯知紀さんは考える。

佐伯さんは2013年、松山中学時代の伊藤が、少年雑誌の投稿仲間に宛てたはがきと手紙を古書店で入手した。その手紙の一つに、自身の少年期を回想した文章がある。

「六才の時から私は今に至る迄放浪の旅を続けたのです。(中略)それは丁度、水艸(みずくさ)の流れを追って国から国へと流れてゆくキルギス艸地等の遊牧の民と同じ様な有さまに、漂泊の旅を続けたのでした」

これに続けて伊藤は北原白秋の詩「ふるさと」を引く。

人もいや／親もいや／小さな街が憎うて／夜ふけに家を出たけれど／せんすべなしや

伊藤は「よむ毎に熱い涙が旅衣をぬらすのでした」と続けている。

不遇の文学青年、怒りをバネに創作

伊藤の青年期は挫折の連続だった。松山中学の卒業と同時に闘病中の父が逝く。父の死の直後に出したと思われる投稿仲間へのはがきにはこうある。長男である伊藤は進学を諦めた。

「第二の故郷松山を去り他郷に出ます。いずこへ――お尋ね下さいますな。ただしばらく、この傲岸不遜（ごうがんふそん）な青年をして沈黙の深き思索の時間を与えしめ給え」

大阪で銀行の給仕をしたり、松山で新聞社に勤めたり、呉の海軍工廠で労働運動にかかわったり。「頭脳明晰で多感な文学青年にとって、挫折はバネとなったのではないか」と佐伯さんは見る。

映画界に入っても多難だった。小山内薫の手引きで松竹蒲田撮影所に入り、シナリオを量産するが、監督への道は遠い。監督になるために移籍した帝国キネマ東京撮影所は、関東大震災のため閉鎖される。関西に移って、帝キネ芦屋撮影所

（左から）市川右太右衛門、伊藤大輔、一人おいて撮影の唐沢弘光。
『一殺多生剣』撮影時のスナップ（京都文化博物館所蔵）

でシナリオを書き飛ばし、『酒中日記』（１９２４年）で初メガホンをとるが、まもなく帝キネは分裂。伊藤映画研究所を設立し、小説家の直木三十五と組んで『京子と倭文子（しずこ）』（１９２６年）、『日輪　前篇』（１９２６年）を撮るが、資金難に陥る。

つてをたどって日活大将軍撮影所に入るが、村田実が看板の現代劇部には入れない。仕方なく時代劇部へ。そこで出世作『長恨』を撮る。

「思い通りにならないことをいくつも抱え、謀叛気が育った。それが彼のドラマツルギーに反映している」と佐伯さん。その後も撮影所上層部との衝突は絶えず、日活を出たり入ったりを繰り返し、多くの撮影所を渡り歩いた。

「自身の不遇への怒りを次の作品のエネルギーにしている」と牧由尚さんは語る。メランコリーを作品に昇華したのだ。「リアルに考えると勝てない体制にあえて挑み、死んでいく。そんなセンチメンタリズム、滅びの美学がある」

大阪の孤高の将棋棋士・坂田三吉を描いた戦後の代表作『王将』（１９４８年）は、ライバルである関根名人の就位祝賀会と、愛妻・小春の死で終わる。しかし伊藤が一番描きたかったのは、戦後に零落して死んでいく坂田の姿だった。

実際、続編を撮りかけたが、主演の阪東妻三郎が病に倒れ、未完に終わる。その後、辰巳柳太郎（たつみりゅうたろう）▼で『王将一代』（1955年）、三國連太郎▼で『王将』（1962年）と2度リメークしたが、どちらも晩年の坂田までは描けなかった。

「『王将』に対する私の一番の関心は、敗戦後の窮乏のうちに世を去った坂田名人の『時勢』に敗れた孤高の人間像にある」と伊藤は書く（『時代劇映画の詩と真実』収録の随筆「南禅寺」）。加藤泰によるインタビューではこう答えている。

「戦後で、通天閣が焼けてしまった、何もなくなってしまったあとの、長屋も新しく建ちかかっている、そこへ帰って来ていることにしてあるんです、私のは。そこでゴロンと芋虫のように死んでしまうんです」

無学で貧しいが、気高き魂をもった坂田三吉。その魂を真に描くためには、すべてを失い落ちぶれ果てて死んでいく姿が必要だ。伊藤はそう考えたのだ。

京都・御室（おむろ）の蓮華寺にある伊藤大輔の墓の一隅に「熱眼熱手」と刻まれた碑がある。もとは伊藤が盟友の伊丹万作を評した言葉「冷眼熱手」からくると思われる。伊藤は「僕はどうしても熱眼熱手になる。謳（うた）い過ぎるのかもしれない」と語っていたと磯田啓二は『熱眼熱手の人』に書く。

辰巳柳太郎（1905-1989）　島田正吾とともに新国劇を支えた俳優。戦後は映画にも出演した。国定忠治、どぶろくの辰、坂田三吉は舞台での当たり役で、映画でも演じた。

三國連太郎（1923-2013）　戦後を代表する個性派俳優。51年木下恵介『善魔』でデビュー。出演作に『飢餓海峡』『にっぽん泥棒物語』『神々の深き欲望』『利休』『釣りバカ日誌』。

『王将』（1948年、大映京都、伊藤大輔監督）
左は坂田三吉役の阪東妻三郎（©KADOKAWA　1948）

「伊藤さんは撮影しながら泣いていた」。１９４９年に大映京都撮影所に入ったスクリプター（記録）の野上照代さんはそう振り返る。

野上さんが『羅生門』（１９５０年）で生涯の師となる黒澤明▼監督につく前の見習い時代のことである。伊藤組の『われ幻の魚を見たり』（１９５０年）の撮影現場を見学した。川を俯瞰するカメラの後ろで、伊藤は顔をそむけて涙を拭いていたという。すでに誰もが認める巨匠であったにもかかわらず。

世田谷の老人ホームで野上さんは、流れゆく川とそれを見渡す岩場の上のカメラと伊藤の絵をサインペンでさらさらと描いて、説明してくれた。

「没頭しちゃうんでしょうね。面倒見のいい人だったけど、感情は激しい人だったんじゃないかな」と野上さん。

あふれる熱い涙こそが伊藤を突き動かし続けたのかもしれない。

黒澤明（1910–1998）　映画監督。36年P.C.L.入社。43年『姿三四郎』を初監督。50年に時代劇の本場である大映京都に乗り込み『羅生門』を撮る。コントラストを強調し太陽にカメラを向けた宮川一夫の撮影を絶賛。後に東宝の『用心棒』（61年）でも宮川を起用した。

第4章

モラリストと仲間たち　伊丹万作

I　「恩友」慕った中村草田男

戦前の日本映画界きっての知性派監督、伊丹万作（1900〜1946）。挿絵画家や文筆家としても活躍した才人の短い生涯を支えたのは、故郷・松山で得た友人たちとの絆だった。俳人、中村草田男（なかむらくさたお）▼もその一人だ。

終生座右に置いた友の絵

その絵はさりげなく床に置かれていた。何ともおおらかな絵だ。中年夫婦の穏やかなたたずまいにホッとする。

「父は壁にかけず、畳の書斎の机の前にこうして立てかけていました。そこに万作が『いる』という感じで」

中村草田男（1901-1983）俳人。高浜虚子に師事。ホトトギス同人として活躍し、加藤楸邨、石田波郷とともに人間探求派と呼ばれる。『萬緑』主宰。俳人協会を設立し、初代会長。

伊丹万作『市河夫妻の像』（1924～25年、油彩、カンバス、45.5×37.9cm、町立久万美術館所蔵）
23年に再上京した万作は長崎村の童画家・初山滋の家に身を寄せ、後に隣に住む。長崎村の市川夫妻（画題は「市河」）の敷地内には共同アトリエがあり、万作や滋も使ったという

中村草田男の三女、お茶の水女子大名誉教授（フランス文学・思想）の中村弓子さんはそう語った。東京・杉並の自宅で拝見した絵は伊丹万作『市河夫妻の像』。武者小路実篤が創設した1927年秋の第1回大調和展の入選作だ。

この絵には物語がある。草田男の随想『伊丹万作の思い出』によると、モデルとなった市川夫妻（画題は市河）は、万作が挿絵画家時代に住んでいた東京・池袋近郊の長崎村（現・豊島区）の美術パトロンで、自宅にこの絵をかけていた。そこを訪ねてきた洋画家の岸田劉生（きしだりゅうせい）▼の目にとまる。

市川氏から知らせを受けた東京帝大生の草田男は、劉生に面会し、万作への伝言を聞く。劉生は「鵠沼（くげぬま）の自分の宅にきて他の画学生達と一緒に修業につとめてみてはどうか」と申し出たというのだ。

当時の万作の生活は行き詰まっていた。流行挿絵画家の地位を捨て、画家修業に励んだものの実りなく、松山に帰って仲間と開業したおでん屋も失敗した。

だが万作は劉生の申し出を断る。「芸術の道に於（お）ける恩顧に対しては、芸術の道に於ける本質的な仕事を以（もっ）て御酬（むく）いする以外に方法はない筈である。他日其事（そのこと）が立派に果たせるという自信を現在の自分は持合わせないから」と。

岸田劉生（1891-1929）　画家。白馬会洋画研究所に学ぶ。高村光太郎らとヒュウザン会（後にフユウザン会に改称）結成。北方ルネサンスの影響を受け草土社創立。晩年は宋元画や浮世絵に傾倒。『麗子像』など。

草田男はこの絵を大調和展に自ら搬入。劉生の推薦もあって見事入選した。「あの行動的でない父が、他人の作品を運び込むなんて想像できない」と弓子さん。だが絵の裏に証拠があった。ラベルの住所欄には杉並の住所と草田男の本名「中村清一郎」。氏名欄には万作の本名「池内義豊」。草田男の字だ。

「降る雪や明治は遠くなりにけり」の俳人・中村草田男はまだ本格的な句作をはじめていない。後に『赤西蠣太（あかにしかきた）』の監督となる伊丹万作は、同じく松山の盟友で『忠次旅日記』の監督・伊藤大輔の京都の家に転がり込んだばかりだ。

『市河夫妻の像』を草田男は「伊丹の愛情がしみ出た感じ」と評した。座右に置いた「恩友」の絵を、俳人はどんな気持ちで眺めていたのだろう。

友の「絶対値」を信じて

大輔、万作、草田男の接点は、夏目漱石『坊っちゃん』の舞台のモデルとなった旧制松山中学（現・松山東高校）にある。3人は『楽天』という名の回覧雑誌の同人であった。

雑誌『楽天』は残念ながら1冊も現存しない。草田男によると「中判の罫洋紙に文章を書き、木炭紙に口絵を描いて綴じた簡素な雑誌」だったという。草田男は万作の1歳下だが、『楽天』に参加したころには、すでに万作は卒業しており、誌上で「伊藤・伊丹コンビの黄金期」を追体験する。

　大輔はすでに少年雑誌への投稿家として全国的に名高く、「東の大宅（おおや）（壮一）、西の伊藤（葭＝筆名）」と称されていたという。草田男によると「田舎中学生のレヴェルをぬいて、中央文壇の影響を受けたようなものを、半ば他の者の啓蒙に書いたり、（北原）白秋心酔ぶりの詩を発表したりしていた」。

　一方の万作は学校での出来事や日常生活に材をとった雑文や漫画を手がけ、作品には「溌剌（はつらつ）とした実感」があった。大輔の書く物語に挿絵もつけた。

「メンバー達は、伊藤の書くものによって一種の薫陶（くんとう）を受けつづけながらも、伊丹の書くものによって、自分達の共有の日々の生活が、ありのままで感激の振幅が拡げられた」と草田男は書く。

　1919年正月、17歳の草田男は神経衰弱に陥っていた。松山で新聞社に勤めていた大輔は「孤立無援の状態から救い出してやる」と言って草田男を連れ出し、帰省中の万作に引き合わせる。

すでに東京で挿絵画家として活躍していた万作は「カウボーイめいて先を尖らした鍔広の黒いソフトにマント」という芸術家風のいでたち。「以来ひたすら伊丹に兄事し続け、伊丹もまた停頓や足ぶみをくりかえす私を見離しもしないで私が自力を以て自分の道をひらくのを辛抱強く無言に待ちつづけてくれた」と草田男は振り返る。

東京と松山の往来や文通を通して、万作は草田男にこう言い続けた。

「自分は数学の用語でいえば、（プラスやマイナスなど）性質の符号の付加物を除去した相手の絶対値だけを、いつまでも信用する」

どういう意味なのか。愛媛大学で表象文化論を教えていた古川千家さんに聞いてみた。古川さんは「符号とは、富や名誉や地位。絶対値とは個性。無一物になっても個性を発揮して生きよ、ということだろう」と解説してくれた。

草田男は述懐する。「（万作は）いかなる場合にも一時的な甘言で私を慰めることがなかったと同様に、いかに私が所謂『尾羽打枯らした』状態にあるときでも、その故だけでは、微塵も私をさげすむ気息を示しませんでした」（『歿後十年』）

どんな人間にも浮き沈みはある。落ち目になった時、引いていく輩（やから）もいる。そんな時、いつもと同じまなざしで見つめ、変わらぬ態度で接してくれる真の友人がどれほどありがたいか。「絶対値を信じる」とはそういうことだ。

「彼の手紙を貰（もら）うと、其日一日は何故か心があたたかかった」

草田男はそう振り返っている。

理想をともにし、甘やかさず

「母は万作に嫉妬していた」

中村弓子さんは断言する。なぜなら「父が最も愛した人間は、万作と母の二人だったから」。草田男にこんな句がある。

　日まはりや永歎（ながなげ）きしてうとまるる

万作の死の翌年の作だ。深い喪失感から庭でため息をつく草田男。それを見て嫉妬する妻。そんな情景か。

草田男の万作への思いを、その句作から追ってみよう。

少年成（お）ひ長（た）ち五十の秋に満たずして

注に「三十三年間の友、伊丹万作歿（ぼっ）すとの報に接す。すべての気力消え失せ、薄志弱行（はくしじゃっこう）のさま、爾来（じらい）三週間ただ無為の日を送りつつあるなれどもせんすべなし」とある。万作が亡くなったのが1946年9月21日だから、10月半ばの作だ。

その間の10月1日に草田男は主宰誌『萬緑』を創刊している。俳人としてひと旗あげたわけだが、10月3日に万作夫人の池内君子に宛てた手紙には「孤立無援――そんな感銘のみが痛切です」と心境を吐露している。

外光や友亡き者の冬の旅

友歿後百日雪に琴ひびく

いま鳴る琴いま光る雪友は亡し

これらは翌1947年1月の句。喪失感はまだ深い。さらに4年後の1951年には万作の幽霊が現れる。

夏の夜語（よがたり）シーツの上に菓子置いて

万作は1922年に本格的な絵画修業を決意し、東京から松山に戻る。この時に草田男や重松鶴之助（しげまつつるのすけ）▼ら『楽天』の後輩たちと交流を深める。当時のメンバーに

重松鶴之助（1903-1938）画家。岸田劉生に心酔し、草土社風の絵画を残す。春陽会、国画会に入選。30年ごろから左翼運動に走る。33年に逮捕され、38年大阪刑務所で獄中死。

旧制松山高校の助手がいて、日暮れとともに画集や書籍、食糧などを宿直室に持ち寄り、明け方まで文学論や芸術論を戦わせた、その情景だ。
「ドストイェフスキイの『白痴』などを誰かに読まして、他の者達は天井を向いたままで、のんきな批評とも半畳ともつかないものを、いつまでもとばしたりしていた」(『伊丹万作の思い出』)。草田男の代表句はその記憶が反映したのか。

　真直ぐ往けと白痴が指しぬ秋の道

還暦を過ぎても「楽天」時代の記憶はよみがえる。

　四十星霜子供っぽき者ビール酌むも

注によると『楽天』会合の席上、万作が松山言葉で「三清(草田男)がどこぞで独りチビリチビリやっとる姿を想像してみると、噴出さずに居れんねや」と言ったという。この句を作った1965年の万作の命日にはこう詠んだ。

　我在る限り故友が咲かす彼岸花

「父は万作から生き方について決定的な影響を受けていた」と弓子さん。それは「同志と理想をともにし、その理想に照らして見守っていく」という生き方だ。

互いに尊重し、尊敬するけれど、甘やかさない。

『楽天』は失われたが、万作、草田男、鶴之助らが1925、26年に東京で作った回覧誌『朱欒（しゅらん）』は残されている。草田男が書いた童話や対話劇について、万作が丁寧に批評している。幼いころから病弱で、回り道をした草田男は、万作の評価をいつも真摯（しんし）に受け止めた。君子夫人への手紙ではこう告白する。

「ささやかな俳句といふ仕事を自分の仕事として以来も、私さへ、正しく、振りきってやって居さへすれば、豊さん（万作の本名・義豊）が、それを、チャンと間違ひなしに眺めてゐて呉れる——この信念が不断の励みのもとになってゐたのです」

草田男は弓子さんにも万作の思い出をよく話したという。中学2年のころ、父が東京・京橋のブリヂストン美術館（現在のアーティゾン美術館）に連れて行ってくれた。セザンヌの『帽子をかぶった自画像』を前に父はこう言った。「伊丹が『西洋人の匂いがしそうだ』と言っていた絵ですよ」

草田男がもち続けていた絵がもう一枚ある。万作の長男、池内岳彦が小学1年の時にクレヨンで描いた『野菜の絵』だ。

万作に「巧いだろう」と見せられ、感心して譲り受けたそうだ。草田男はこの万作の形見を書斎の棚に大切にしまい、時々取り出しては、「伊丹万作のぼっちゃんの絵だ。巧いねえ」と言いながら、子どもたちと一緒に眺めていたという。

弓子さんによると、ぼんやりしがちになった晩年の草田男が「テレビの声にビリリっと反応して、パッと振り向くことがあった」。ブラウン管には成長した岳彦、すなわち俳優の伊丹十三（じゅうぞう）▼が映っていた。

「父が反応したのは万作の声なんだと思う」と弓子さん。46歳で早世した伊丹万作。その幻の声は老境の大俳人の耳にどう響いていたのだろうか。

▼伊丹十三（1933-1997）俳優、エッセイスト、テレビマン、商業デザイナーとして活躍し、84年『お葬式』で映画監督デビュー。監督作に『タンポポ』『マルサの女』など。92年『ミンボーの女』公開直後、暴力団に襲われる。

II　火をつけた画家・重松鶴之助

伊丹万作、中村草田男ら回覧雑誌『楽天』の仲間たちの心に火をつけてまわった男がいた。洋画家・重松鶴之助。万作は人気挿絵画家の地位をなげうって、鶴之助と絵画修業に打ち込む。果ては無一物に。映画人になる前の話である。

洲之内徹が下宿で見た絵

松山から三坂峠を越え、バスで1時間半。愛媛県久万高原（くまこうげん）町の町立久万美術館。20点余しか現存しない重松鶴之助の絵の大半がここにある。

うっすらと生えたひげが妙に生々しい。下駄屋の主人なのだという。1926年の聖徳太子奉賛美術展に出品された鶴之助の代表作『閑々亭（かんかんてい）肖像』だ。

「浮世絵が油絵になったようであり、江戸時代の洋風画のようでもある」と神内有理学芸員。比較文学者の芳賀徹東京大学名誉教授は自著『絵画の領分』で「劉生解釈の写楽を思わせもする『デロリ』とした」絵と評した。

この絵を世に知らしめたのは美術評論家の洲之内徹（すのうちとおる）▼だ。旧制松山中学出身の洲之内は、東京美術学校（現・東京芸術大学）に入学した1930年、中学と美校の先輩である山本勝巳の東京・大久保の下宿でこの絵を初めて見た。後に建築家となる山本勝巳は映画監督の山本薩夫▼の兄で、俳優の山本学、圭、亘の父でもある。

「この一枚の作品に罩（こ）められた若い重松鶴之助の、芸術に対する無垢（むく）な信仰と、ひたすらな没入、それらがそのまま私のものとして、私の理想として、私を捉え

重松鶴之助『閑々亭肖像』（1926年、油彩、カンバス、45.0×37.7cm、町立久万美術館所蔵〈寄託品〉）
第一線の画家の作品が画派を超えて集められた第1回聖徳太子奉賛美術展に招待出品された。洲之内徹は山本薩夫の部屋の押し入れにしまってあったこの絵をよく眺めたという

たのだ」（『ある青春伝説』）と洲之内は書く。洲之内にとって万作や鶴之助の名は松山中学時代からあこがれの的であり、その破天荒な青春は伝説化していた。

洲之内は山本の下宿先で鶴之助本人にも会った。「朝、目を覚ますと、昨夜はいなかったはずの、いがぐり坊主の、異様に背の低い、だが、いかにも精悍（せいかん）そのものといった感じの男が同じ部屋に寝ていることが」あったという。

『自画像』（1922年）もまさにそんな顔つきだ。意志の強そうな目、鼻、口。ただならぬ気迫がみなぎる。裏には画家志望の決意を示す書き込みがある。

「吾強く、正しく生きんと思ふ、よし吾、悪徳を行ひ、破廉を為すとも、尚、よき正しき画人たる事を願ふ者なり」

ただ、絵はかなり傷んでいた。「下塗りが不十分なので、ひび割れがひどい。カンバスもちゃんと張れていない」と神内さん。独学者の悲しさだ。

『楽天』の仲間たちは大正の芸術青年の例にもれず、白樺派（しらかば）▼と岸田劉生の影響を強く受けた。鶴之助や万作の絵も、劉生にならい、初期は北方ルネサンス風で、次第に東洋的なものへ回帰していく。

鶴之助の水彩画『滑稽三笑』（1926年）も劉生の東洋回帰を思わせる。ただ

洲之内徹（1913-1987）　美術評論家、画廊主。松山中学を経て東京美術学校建築科中退。芥川賞候補3回。田村泰次郎の現代画廊を引き継ぎ、『芸術新潮』などに美術エッセーを連載。

山本薩夫（1910-1983）　映画監督。松竹蒲田から成瀬巳喜男とともにP.C.L.に移り、37年監督に。東宝争議後は独立プロで活躍、60～70年代は大作も撮る。『真空地帯』『戦争と人間』など。

白樺派　雑誌『白樺』で人道主義と理想主義を標榜、自然主義退潮後の大正文学を主導した。ロダン、セザンヌ、ゴッホらの美術も紹介。同人に武者小路実篤、志賀直哉、有島武郎ら。

「造形的にそのまま真似るのではなく、彼なりの東洋回帰を探っている」と神内さん。平面的で愛らしい感じは万作の『市河夫妻の像』にも通じる。

万作の『桜狩り』もあった。「仮面をかぶっているのは万作自身でしょうか。酒に酔い、花に酔っている。春の少し狂気じみた感じが出ている」と神内さん。

絵を見ながら草田男のメルヘン『夜桜――池田の結婚』を思い出した。帰郷した挿絵画家「池田」のモデルは万作だろう。芸術青年である「私」と池田の心理が交錯する。松山城がそびえる城山のふもと、東雲（しののめ）神社の夜桜の下で。

万作と鶴之助

「熱い黒血が脈管を流れているような異常に激しい性格の男であった」

草田男は鶴之助をそう描写している。「これが、すべてのメンバーの心の中に、勝手に放火してまわったのが、すべてのことのおこりであった」（『松山の友人たち』）。『楽天』の芸術青年たちは次々と鶴之助に感化された。すでに人気挿絵画家となっていた万作まで、三つ年下の後輩に心を動かされた。万作は草田男にしためた。「重松に会って、今までの自分の幼稚さと低級さとが恥しくなった。兎に角、今日以後、本格の絵画修業を、やる、やる、やる、やる」(『伊丹万作の思い出』)

松山に戻った万作と鶴之助は猛然と描いた。鶴之助は「お前はついに、ミケランゼロやレオナルドよりも以上のものになれないのだぞと予言されたとしたらオレは即刻自殺する」と宣言した(『松山の友人たち』)。やがて鶴之助は春陽会や国画創作協会での入選を重ね、洋画家として頭角を現す。

万作と鶴之助は翌1923年に再上京し絵画修業を続けるが、その進み方は微妙に違っていた。鶴之助が「体当たりで一途に進む」のに対し、万作は「先ず其基盤からおもむろに漸進的に築きあげてゆく」(『伊丹万作の思い出』)。ともに劉生を目標としながらも、情熱的な鶴之助が一直線に猛進したのに対し、理知的な万作は基本的な写実から一歩一歩進んでいこうとしたようだ。

万作は挿絵稼業が行き詰まり、鶴之助に誘われて1926年、再び松山に帰る。万作、鶴之助、白川晴一▼の3人は繁華街の三番町におでん屋「瓢太郎」を開業。京都からおでんのタネを引くほどの凝りようで、開店当初は繁盛したが、やはり素人商売。翌年には左前となる。鶴之助らは去り、万作ひとりが借金を抱える。

白川晴一(1902-1952) 労働運動家、日本共産党中央委員。松山中学で『楽天』同人。労働運動を経て、重松鶴之助とともに共産党入党。戦後も労働争議を指導し、47年党中央委員。

鶴之助は画業を捨て、左翼活動に入る。山本の下宿先に現れたのはそのころだ。そして１９３８年に獄中で転落死する。

『ある青春伝説』によると、草田男が病に伏せた万作を訪ね、その死を告げた。「万作は、『そうか』と言ったきり、何も言わなかった。それからしばらくしてまたひと言、『わがままなやつじゃったなあ』と言って、眼を閉じてしまった」

少年少女雑誌で活躍

話は前後するが、伊丹万作の挿絵画家としての歩みを振り返ってみよう。万作が挿絵画家をしていたのは１９１８〜２６年の9年間である。映画監督・脚本家として働いたのが11年、病床にあって文筆家として活動したのが8年だから、ほぼそれらに匹敵する歳月だ。

伊藤大輔が文学・演劇志望だったのに対し、万作は美術志望だった。１９１７年の松山中学卒業時に美術学校への進学を希望したが許されず、両親のいる樺太（からふと）に渡り、伯父が営む商店で働いた。大輔の回想によると、樺太の万作からのはがきには「絵をかく金がない。時間がない。手がない。この手ではペンを持つさえ思うに任せぬ」として、凍傷で腫れた五指の克明な写生が添えてあった（『初・終』）。

万作は半年後に上京し、鉄道院に勤務。絵を独学しながら、翌1918年2月に雑誌『少年世界』で挿絵画家デビュー。4月には早くも表紙絵を描く。

以後『少年世界』の他、星の作家・野尻抱影▼が主筆の『中学生』『女学生』など少年少女雑誌で活躍。筆名は多数あるが「池内愚美」名が多い。

売れっ子だった1920年には根津須賀町の万作の下宿先に、大輔も同居する。大輔は小山内薫の松竹キネマ俳優学校に入るために上京したのだ。当時の万作の月収は100円。大卒の初任給が30円の時代だから、かなりの高収入だ。

同じころ、草田男もたびたび上京し、下宿を訪ねている。万作は「挿絵画家としては竹久夢二と松野一夫との二人を買っているような口吻であった」（『伊丹万作の思い出』）と草田男。松野は雑誌『新青年』の挿絵画家だ。古川千家さんも「大正ロマンの竹久と昭和モダンの松野のバトンタッチの時期だった」と説明する。

大阪の国際児童文学館で『少年世界』の各号を眺めてみた。万作が描いた表紙

野尻抱影（1885–1977）随筆家。出版社勤務の傍ら、星座や天文に関する啓蒙書や随筆を書く。著書に星の和名を集めた『日本星名辞典』など。冥王星の命名者。大佛次郎は弟。

伊丹万作『桜狩り』（1927年、油彩、ボール紙、39.0×44.5cm、町立久万美術館所蔵）
松山に開いたおでん屋が左前になったころ描かれた

伊丹万作『氷を滑りに』（1920年、21.0×15.0cm、『少年世界』２月号表紙、大阪府立中央図書館国際児童文学館所蔵）

博文館の『少年世界』は巌谷小波主筆で1895年に創刊された伝統ある児童雑誌。当時の主筆・竹貫佳水の万作への期待は大きく、表紙絵にもたびたび起用している。少年少女誌の中では万作を最も重用したは、他の画家の表紙に比べて確かにモダンで、同時に叙情的でもある。

1918年に万作に会った野尻抱影は「見本に持って来たのは、多分に夢二風のペン画で、涙ぐんでいるような大きな眼の少年が描いてあり、ただしペンはもっと勁（つよ）かった」（『伊丹万作君（映画人以前）』）と書く。

古川さんの調査によると、万作の活躍のピークは1919～20年ごろ。1921年に補充兵として召集された後は「仕事量が4分の1程度に急減する」という。兵役のブランクに加え、挿絵の仕事に次第に万作自身が懐疑的になったようだ。翌1922年には鶴之助の来訪を受け、絵画修業を決意、松山に帰る。

郵送により松山でも挿絵の受注を続けたが、「遂（つい）には商品としての価値を無視して自分の気の向くままの挿絵をものした」（『伊丹万作の思い出』）。このころの挿絵には劉生の『切通しの写生』（1915年）に似た背景がよく出てくる。

野尻抱影とは衝突する。『伊丹万作君（映画人以前）』によると抱影は万作が描いた「晩年の劉生風の草画」にあきれ、「この雑誌は君の手習草紙（てならいぞうし）とは違う」と書き添えて返送した。万作が書いた住所氏名を切り抜き、封筒に貼って送ったので、万作は激怒。「生まれてからこんな侮辱を受けたことはない」と絶交を宣言する。

万作は焦っていたのだろう。正規の美術教育を受けていない。「挿絵を描けば描くほど、教育を受ける機会は遠のいていった」と古川さん。やがて万作は「知らない間に完全に挿絵界から、ノック・アウトされていた」（『伊丹万作の思い出』）。

漫画の中の映画的手法

天国から地獄へ転落した9年間。だが無駄な歳月ではなかった。「挿絵画家としての経験が、映画監督のトレーニングになった」と古川さんは見る。

『女学生』1922年1～7月号に連載された『ピーター・パン物語』を繰ってみた。古川さんによると、万作の挿絵は日本で最初のピーターの挿絵だという。

ピーターがウェンディと彼女の弟たちを連れて、飛び立つ場面がある。不安そうなウェンディを横抱きにして飛ぶピーター。両手を万歳して空に飛び出したジョン。前のめりになってついてくるマイケル。

「映画でいえば三つのショットをワンショットに収めている」と古川さん。挿

伊丹万作『ピーター・パン物語』挿絵（1922年、『女学生』２月号、大阪府立中央図書館国際児童文学館所蔵）
河井鞠子訳。原作はJ・M・バリー『ピーター・パンとウェンディ』で、童話集『苺の国』に収められた楠山正雄訳に次ぐ、２度目の邦訳。『苺の国』にはピーターは描かれていない

伊丹万作『鬼ゴッコ』（部分、1919年、『少年世界』7月号漫画、大阪府立中央図書館国際児童文学館所蔵）
見開き2ページを12コマで構成。小男は大男のまたをくぐったり、帽子を投げて目をふさいだり、窓から家に飛び込んだり。まるでドタバタ喜劇のようだ

絵の中に映画的手法があるというのだ。それぞれの人物に動きがあり、４人が漆黒の宇宙を浮遊する感覚が伝わる。

映画的手法が端的に現れるのは漫画だ。『少年世界』１９１９年7月号の『鬼ゴッコ』はまるでドタバタ喜劇のようだ。

大男と小男との追っかけを細かなコマ割りで表現する。小男が堀の端に追い詰められた最後の３コマが面白い。引き気味で二人をとらえたカメラが、次には土俵際の小男にぐっと寄る。最後は大きく引いて堀に落ちていく大男を見せる。

視点の移動で動きを表現する。「大正半ばの漫画の水準をはるかに超え、万作がすでに映画作家の資質を有していたことを実証している」と古川さん。

さて、挿絵の筆を折り、おでん屋にも失敗した万作は無一物となる。

「いっさいの付属品と装飾を取り去られたのちの正味掛け値なしの自分の姿を冷静に評価する機会を持ち得たことはともかくもありがたいことであった」(伊丹万作『私の活動写真傍観史』)。

マイナスに振れ切ったどん底の万作。しかしその「絶対値」は黒光りしていた。万作が転がり込んだ先は京都。盟友・伊藤大輔のもとである。

Ⅲ 「冷眼」認めた伊藤大輔

伊藤大輔の推薦で映画界入りした伊丹万作。その作風は悲壮美に満ちた大輔とは正反対。軽妙で知的なユーモアにあふれ、非暴力主義を貫いた。病床にあった晩年は冷徹なまなざしで戦争の狂騒を見つめ、珠玉の文章を残した。

知的なユーモアと非暴力

「ぴょんと肩に跳び乗りましたよ」

伊丹万作監督『赤西蠣太』（1936年）の猫の話である。戦時中に万作と文通し、後に黒澤明監督のスクリプターとなった野上照代▼さんの証言だ。

ビデオにもなった『赤西蠣太』の現存フィルムにはそのショットがない。蠣太

野上照代（1927-）　井伏鱒二らの編集者を経て、京都で故伊丹万作の長男・岳彦（十三）の面倒を見ながら大映の記録係となる。『羅生門』に参加。東宝へ移り『生きる』以降の黒澤明全作品の記録を務める。少女時代の物語を山田洋次監督が『母べえ』として映画化した。

『赤西蠣太』（1936年、片岡千恵蔵プロダクション、伊丹万作監督）
冒頭、雨の長屋のシーン。蠣太（手前、片岡千恵蔵）の部屋と同僚の部屋のあいだを猫が行き来する。千恵プロ時代の伊丹万作監督作品は18本に及ぶが、現存するのは不完全ながら『赤西蠣太』『気まぐれ冠者』の2本と『国士無双』の約20分の断片のみ（国立映画アーカイブ所蔵）

役の片岡千恵蔵▼の肩に猫が乗ったスチル写真はあるのだが……。

野上さんがこの映画を見たのは1942年ごろだという。東京の女学生だった野上さんは感動して、京都の万作にファンレターを出した。万作は丁寧な返事と自著『影画雑記』を送ってくれた。それから二人の文通が始まる。猫のことをよく話題にした。

『赤西蠣太』は志賀直哉の原作で伊達騒動（寛文年間に起きた仙台藩のお家騒動）に材をとる。スパイの蠣太が長屋で家臣たちと親しくなる。猫と将棋が好きな醜男、蠣太を誰も怪しまない。

詩人で映画評論家の北川冬彦も、猫が跳び乗るところが「実にいい」と書いている。どうしてあんなにうまくやれたのかと聞くと、万作はこう答えた。「猫という奴は強情でしょう。一つところにいる奴をわざと別のところへ持ってゆくと元のところへ、きっと帰ります。（中略）赤西の肩の上へのせて置いて、それから降ろして下へ置くと果してあんな風に肩へ戻ったのです」（北川冬彦『映画の人伊丹万作』）

鋭い観察眼だ。大輔の『万作と猫と絵と私』によると、万作はもともと猫嫌い

片岡千恵蔵（1903-1983）　俳優。マキノプロの『万花地獄』で初主演。退社後、片岡千恵蔵プロを創立。伊丹万作、稲垣浩とともに明朗時代劇路線を確立。戦後は東映の重役スターとなる。

だったが、１９２７年に無一物となって転がり込んだ京都の大輔の家には、ナナという猫がいた。失意の万作は無聊（ぶりょう）を慰めるため、もっぱらナナをモデルに絵を描いていた。

大輔は万作が『赤西蠣太』で猫を使って見事な成果をあげたことに驚き、以来、猫を映画で使わないと決めた。「私は盲愛的な猫好きだったが、彼はナヽ像を描きながら具（つぶ）さに猫の性情を窮（きわ）めたと云った。冷眼熱手（れいがんねっしゅ）と云ふ事が禅家の語録にあったと思ふが、伊丹の一面にピッタリ嵌（はま）る言葉だと思ふ」

大輔は自らを「熱眼熱手」と称した。京都の墓前にある碑にもそう刻まれている。反逆と悲壮美という時代劇の王道を猛進した大輔らしい自負だ。同時に松山以来の盟友万作に、「冷眼」という自分にない資質を認めていた。

友の「絶対値」を確信していたのだ。

大輔と万作の交遊は生涯続いた。呉海軍工廠（こうしょう）での労働運動に挫折した大輔は、１９２０年に小山内薫を頼って上京する。住んだのは万作の根津の下宿先。松竹キネマ蒲田撮影所の脚本家となってからも、谷中、青山で万作と同居した。

１９２７年秋に大輔の食客となった万作は、旅回り一座での台湾巡業を経て、翌年５月、設立されたばかりの片岡千恵蔵プロダクションに脚本家兼助監督として入る。大輔の推薦だ。伊藤の伊をとった筆名「伊丹万作」の名はこの時につく。

大輔は千恵蔵に「明朗時代劇」という新路線を提案する。自らは『斬人斬馬剣』など、階級闘争の視点をもつ「傾向映画」を作りながらである。なぜか？

古川さんは「剣豪タイプの大河内や阪妻と違い、千恵蔵は二枚目。さらに万作の資質も考慮したのではないか」と推理する。「大輔が詠う作家なら、万作は考える作家。万作は画家らしく対象と距離を置き、対象の本質を見極める」からだ。

万作脚本『天下太平記』（１９２８年、稲垣浩監督）にはじまる千恵プロの路線は軽妙な「ナンセンス時代劇」として注目された。遊興のために有名な剣客になりすました田舎者が、本物と遭遇する。ところが、なぜか偽物が本物に勝ってしまう——。万作が監督した『国士無双』（１９３２年）はその典型だろう。

万作自身は「ナンセンスの否定的性質や破壊的性質は過去の時代映画の愚かな英雄主義や、もろもろのいやなマンネリズムを崩壊させることに多少とも役立ち

『国士無双』（1932年、片岡千恵蔵プロダクション、伊丹万作監督）片岡千恵蔵㊧と高勢実乗。千恵プロのナンセンス時代劇の頂点とされる（国立映画アーカイブ所蔵）

はしなかったか」（『新時代映画に関する考察』）としている。

その根底には徹底した平和主義がある。万作は『彼とカツドー』に書く。

「彼（万作）がカツドー屋となった時は、時代映画という無意味な名前を付けて、殺人映画が全盛を極めていた。従って彼もまた殺人映画の製造に関係すべく余儀なくされた。仕方がないから、彼は殺人映画をカリカチュアした様な脚本を書いた。すると人は喜んで是（これ）はナンセンスでいいと言った。（中略）彼は始めから殺人映画の全盛などは、過渡期の変態的現象だと考えていた」

なんともクールな態度だが、非暴力という地金はおそろしく堅い。

評論家の花田清輝は戦後、こう評した。「かれの描いた武士は、そのころ流行していた『反抗的人間』の象徴である浪人や下級武士とちがって、なんと庶民的だったことであろう。（中略）伊丹万作は、戦争中の抵抗のいかなるものでなければならないかを、いちはやく予感していた」（『庶民の眼と非暴力』）。花田の言う「戦争中の抵抗」とは非暴力による権威への抵抗である。

日独合作の国策映画『新しき土』（1937年）はドイツの山岳映画の巨匠アーノルド・ファンク▼監督の版と、万作による版が存在する。原節子▼と小杉勇▼が満州

アーノルド・ファンク（1889–1974）ドイツの映画監督。山岳映画を手がけ、レニ・リーフェンシュタールを主演に起用した。日独合作『新しき土』（37年）を伊丹万作と共同監督。

原節子（1920–2015）女優。義兄・熊谷久虎監督の勧めで映画界入り。日独合作『新しき土』でスターに。戦後は黒澤明『わが青春に悔なし』などで評価され、今井正『青い山脈』が大ヒット。小津安二郎のミューズとして『晩春』『東京物語』で主演。他に成瀬巳喜男『めし』など。

（中国東北部）に渡る終幕。ファンク版は植民者を守る兵隊を英雄的な大写しでたたえる。一方、伊丹版は夕暮れに兵士の銃剣がきらりと光るだけである。

病魔と闘い、検閲と闘う

「伊藤先生は毎晩遠回りして、伊丹先生の家の前を通って帰られました。門の前でしばらく立ち止まり、入るでもなく、様子をうかがっていました」

映画編集の岸富美子▼さんはそう振り返った。1936年に京都の第一映画社で編集助手となり、溝口健二監督『祇園の姉妹（きょうだい）』に続き、伊藤大輔監督『四十八人目』についた時のこと。太秦（うずまさ）に近い嵯峨野千代ノ道町の第一映画撮影所からの帰路である。万作の家は嵯峨野神ノ木町にあった。大輔は「あいつは病気だから心配なんだよ」と言っていたという。「優しい方でした」と岸さん。

この作品の後、第一映画社は解散し、岸さんは『新しき土』の編集を手伝う。蚕（かいこ）ノ社（のやしろ）のJ・O・スタヂオで万作は消耗した様子だった。「顔が真っ青。やせこけて、幽霊みたいだった」と岸さんは語った。

小杉勇（1904–1983）　俳優。25年日活京都入社。内田吐夢『生ける人形』など傾向映画の主演で注目される。他に内田『人生劇場』『限りなき前進』『土』、田坂具隆『五人の斥候兵』など。

岸富美子（1920–2019）　映画編集者。『新しき土』でドイツの女性編集者アリス・ルードヴィッヒの助手を務めた後、満州映画協会で編集者として活躍。戦後は内田吐夢らとともに中国の東北電影製片廠に残り『白毛女』（50年）などを手がける。

胸を病んだ万作は1938年から病床に伏す。同年に東宝で撮った『巨人伝』が最後の監督作品となるが、意に染まぬまま押しつけられた『新しき土』のころから相当、弱っていたようだ。

病床の万作は脚本執筆の傍ら、評論や随想を旺盛に書いた。よく知られるのは1946年8月に発表した論考『戦争責任者の問題』だ。戦後、映画界の戦争責任者を指弾しようとする一部の主張に対し、あえて反論を試みた。

「多くの人が、今度の戦争でだまされていたという。（中略）私の知っている範囲ではおれがだましたのだといった人間はまだ一人もいない」と万作は書き出す。だました人とだまされた人が区別できるというのは錯覚ではないか。末端行政も新聞もラジオも、町会や隣組や婦人会も、誰かにだまされた者が次に誰かをだました。「日本人全体が夢中になって互にだましたりだまされたりしていた」

万作は「だまされるということ自体がすでに一つの悪である」と説く。「批判力を失い、思考力を失い、信念を失い、家畜的な盲従に自己の一切をゆだねるようになってしまっていた国民全体の文化的無気力、無自覚、無反省、無責任などが悪の本体なのである」と。

これは「モラリスト」の言葉だと作家の大江健三郎▼は指摘する。モラリストとは「現実の人間性のたしかな観察にたって、人間一般にかかわる倫理をしっかり把握しているところの人間である」（『モラリストとしての伊丹万作』）。

生前の伊丹十三監督に取材していて、万作の話になったことがある。『ミンボーの女』撮影中の1992年のことだ。民事介入暴力について十三は「ヤクザが恐怖で口を封じることを許してはいけない」と語り、さらにこう続けた。

「ぼくの子ども時代は戦時中の言論統制の時代でね。父が骨身を削って書いたシナリオが軍部の検閲にあった。軍部もヤクザも恐怖で人を支配する。憤りを感じる。そんな時代に、父はささやかな個人的戦いを挑んだのだと思う」

万作が病に伏した1938年、十三は5歳。以後8年、万作はシナリオを書き続けた。それは病魔との闘いであるとともに、検閲との闘いでもあった。『不惜身命（ふしゃくしんみょう）』（1942年）、『木綿太平記』（1943年）は情報局が却下。1945年の『東海道中膝栗毛』は占領軍により不許可となった。

万作は『静身動心録』にこんな歌を収めている。

大江健三郎（1935-）　小説家。愛媛県喜多郡大瀬村（現・内子町）生まれ。松山東高で同級生の伊丹十三と親交を結ぶ。妻の大江ゆかりは十三の妹。十三の自死に衝撃を受けて『取り替え子（チェンジリング）』を書いた。

あまりにも正しきことを書きしゆゑか屠(ほふ)りさられぬ「木綿太平記」

死の影と向きあひつつも書き終へし一年の労は空しうなりぬ

もうひとつ、万作の晩年の作品に色濃く表れるのは子どもへの情愛だ。十三は後年、万作脚本、稲垣浩監督『無法松の一生』（1943年）を見直して気づいた。「この映画は父の私に宛てた手紙であったのだ！」（『女たちよ！男たちよ！子供たちよ！』）。軍人が病死し、美しい妻と気の弱い息子が残される。「この息子に、男らしさを、勇気を、意志の強さを、喧嘩の仕方を教えてくれるのが松五郎（無法松）であった」

　1944年に脚本を書き、戦後に稲垣が監督した児童映画の佳作『手をつなぐ子等』も、万作は自ら監督する希望をもち、詳細な演出ノートを残している。

　松山市の伊丹十三記念館は万作手づくりの「いろはがるた」を所蔵している。読み札には芭蕉の俳句が筆で書かれ、取り札にはその情景が美しい色彩で描かれている。

伊藤大輔が撮影した病床の伊丹万作。トリミングの線も大輔による（京都文化博物館所蔵）

かるたは「子供トナリグミカルタ」の裏に描かれている。戦時下の色彩が濃い玩具でわが子が遊ぶことに、万作は納得できなかったのだろう。娘の大江ゆかりは「父が読み手となって、たびたびかるた取りをした」（『父のこと』）と回想している。

１９４６年9月21日、妻子と伊藤大輔にみとられ、万作死去。46歳。こんな句を残した。

病臥九年さらに一夏を耐えんとす

第5章

戦争の足音、天才の苦悩　山中貞雄

Ⅰ　つかの間の平穏、洗練された笑い／1935年

28歳で戦病死した天才監督、山中貞雄（1909〜38）。足かけ6年で23本もの時代劇を監督したが、ほぼ完全な形で現存する作品はわずか3本にすぎない。1935、36、37年に撮られた3本。そこには満州事変から日中戦争へと向かう日本社会のつかの間の平穏と、忍び寄る戦争の足音が刻まれている。

ハリウッド映画の話術に学ぶ

「これはおれの丹下左膳（たんげさぜん）ではない」。原作者の林不忘（はやしふぼう）▼は激怒したという。隻眼隻腕のニヒルな剣客・丹下左膳（大河内傳次郎）は、しがない矢場（大人の遊興施設）の用心棒。女将お藤（喜代三（きよぞう））のヒモである。矢場のけんかで孤児と

林不忘（1900-1935）小説家。『新版大岡政談』など時代小説を書く。谷譲次の名で『テキサス無宿』など「めりけん・じゃっぷ」もの、牧逸馬の名で推理小説の翻訳や通俗小説を執筆。

なったチョビ安の面倒を二人で見ている。対する新陰流の達人のはずの柳生源三郎（澤村國太郎▼）は恐妻家。剣も弱く、弟子たちにたたきのめされる。

　原作は柳生の埋蔵金の地図を隠した「こけ猿の壺」争奪戦なのに、それさえない。源三郎は「江戸は広いぞ。10年かかるか、20年かかるか。まるで敵討ちだ」とうそぶき、壺を探しもせず、矢場で女たちと遊んでばかり。左膳とつるんで金魚釣りに興じる。チョビ安はくず屋にもらった件の壺で金魚を飼っている。

『丹下左膳餘話　百萬両の壺』（１９３５年）は明るい喜劇だ。

　巨匠・伊藤大輔がトーキーで撮った『丹下左膳』第1篇、第2篇に続く、完結篇として企画されたが、公開直前に改題し「餘話」という文字を加えた。日活は新聞各紙に「林不忘氏原作『丹下左膳日光の巻』とは、全然内容を異にせるものなることを公告致します」と異例の社告を出した。

　日活を辞めた伊藤の代打に起用された山中は、サイレント時代から伊藤と大河内が作り上げた左膳のイメージを徹底的に破壊した。悲壮で凄絶な怪剣は、矢場に寝転がる気のいい小市民になった。

「やだい、やだい」と駄々をこね、源三郎とコミカルな八百長試合をする左膳。


澤村國太郎（1905-1974）俳優。歌舞伎役者から29年マキノプロ入り。『浪人街　第三話　憑かれた人々』などに出演。戦後は『次郎長三国志』シリーズ（東宝）など。牧野省三の四女・智子と結婚。長男は長門裕之、次男は津川雅彦。

大河内も乗って演じた。「伊藤さんの時代があって、その後私もどうにもならないスランプに陥った時代があった時に山中さんが来て、私をぐっと新しい方向に導いて呉れた」と大河内は振り返る（『キネマ旬報』１９３８年10月21日号）。

山中が学んだのは洗練されたハリウッド映画だった。『丹下左膳餘話　百萬両の壺』のお手本は、スティーブン・ロバーツ監督の『歓呼の涯』（１９３２年）だ。

やさぐれたボクサーが、ギャングに殺されたマネジャーの遺児を引き取る。愛人である酒場の女とともに子育てに励む。意地っ張りの二人はことあるごとに対立するが、立派な青年に育て上げる。『歓呼の涯』はそんな物語だ。

『百萬両の壺』は筋立てを借りただけではない。左膳とお藤のテンポよい掛け合いも、このボクサーと酒場の女の対話のスピード感にならっている。

チョビ安に父の死を告げるのを左膳は「まっぴらでい」と断るが、次のショットでは路地裏をきょろきょろ探し回っている。

お藤は「あんな子どもにご飯なんて食べさせてやるものか」と拒むが、次のショットではチョビ安がもりもり食べている。

左膳はチョビ安を道場に通わせたいが、寺子屋に通わせたいお藤と対立する。

スティーブン・ロバーツ（1895–1936）　20～30年代に活躍した米国の映画監督。『歓呼の涯』はジョージ・バンクロフト、ウェイン・ギブソンの他、若きジョン・ウェインも出演。

フランク・キャプラ（1897–1991）米国の映画監督。スクリューボールコメディ『或る夜の出来事』（34年）をはじめ、『オペラハット』（36年）、『我が家の楽園』（38年）、『スミス都へ行く』（39年）などで名匠の地位を確立。戦後は『素晴らしき哉、人生！』（46年）など。

エドマンド・グールディング（1891–1959）　米国の映画監督。『グランド・ホテル』は一つの場所で複数の物語を並行して描く群像劇「グランド・ホテル形式」の祖型となった。

次のショットでは左膳がチョビ安の習字をほめている。

大胆な省略による「逆手の話術」は『歓呼の涯』にも頻出する。ボクサーは女には「行かない、行かない」と言い張るが、次のショットでは女と二人で列車に乗っている。女は「料理なんてしない」と言い切るが、次のショットでは台所で家族三人が食事を終えている。

気は荒いが根は人情家の二人の性格がありありと伝わる。そこらも『百萬両の壺』の左膳とお藤を彷彿とさせる。

『雁太郎街道』（1934年）は『或る夜の出来事』（フランク・キャプラ▼監督、1934年）。『国定忠次』（1935年）は『グランド・ホテル』（エドマンド・グールディング▼監督、1932年）。『河内山宗俊（こうちやまそうしゅん）』（1936年）は『三悪人』（ジョン・フォード▼監督、1926年）。映画史家の山本喜久男は『日本映画における外国映画の影響』で山中作品へのアメリカ映画の影響を指摘する。

「キング・ヴィダー▼やルビッチ▼の写真は、モウ膝へ手をキチンと乗せて、……つまり教科書を見るようなもんやなあ」という山中の言葉を河原崎長十郎▼は回想

ジョン・フォード（1894-1973）半世紀で140本を超す作品を監督した巨匠。西部劇をはじめ多彩な作品を撮る。『男の敵』（35年）、『駅馬車』（39年）、『わが谷は緑なりき』（41年）、『アパッチ砦』（48年）、『捜索者』（56年）、『リバティ・バランスを射った男』（62年）など。

キング・ヴィダー（1894-1982）サイレント期から50年代まで活躍した米国の映画監督。『ビッグ・パレード』（25年）、『群衆』（28年）、『麦秋（むぎのあき）』（34年）など。

エルンスト・ルビッチ（1892-1947）映画監督。ドイツから米国に渡り恋愛喜劇を撮る。「ルビッチ・タッチ」と呼ばれる洗練された演出は小津安二郎らに影響を与えた。『結婚哲学』（24年）、『極楽特急』（32年）、『生活の設計』（33年）、『ニノチカ』（39年）など。

する（『映画ファン』１９３８年12月号）。

山中は最初のシネフィル（映画狂）だった。牧野省三が『碁盤忠信　源氏礎』で尾上松之助を初めて映画に起用した１９０９年に生まれた。日本の各都市で常設の映画館が続々と開業していたころで、生まれた時から身近に映画があった。松之助映画と連続活劇を見て育ち、京都一商を卒業すると熱望していたマキノプロに入る。一商の1年先輩のマキノ雅弘はすでに父・省三のもとで働いていた。

河原崎長十郎（1902-1981）歌舞伎役者。歌舞伎界の封建制打破を目指し、31年前進座創設。映画出演は山中貞雄作品の他、溝口健二『元禄忠臣蔵』、今井正『どっこい生きてる』など。

学生時代の山中貞雄が辞書に描いたパラパラ漫画をつなぎ合わせて作成（京都文化博物館所蔵）

京都文化博物館には学生時代の山中が使った古い辞書が残されている。この辞書のページの隅にパラパラ漫画が描かれている。勉強そっちのけで描いたのだろう。一コマ一コマ、鉛筆で精緻に描かれている。

人が斬り合う。馬が走る、群衆が動く。舟が水面をすべる。フレームイン、フレームアウト、パン、クローズアップなど映画の技法を駆使している。つなげて見れば、立派な短編映画になっている。

美術でも演劇でも文学でもなく、山中は一直線に映画へと突き進んだ。

現代の空気を呼吸する時代劇

「まげをつけた現代劇」。山中貞雄の映画はそう呼ばれた。セリフに現代語を多用して、テンポがよい。なにより登場人物があたかも現代の空気を呼吸しているように生き生きしている。

明るくユーモラスな点は、先行世代の伊藤大輔が追い求めた悲壮美と対照的だ。『斬人斬馬剣』『一殺多生剣』などの伊藤作品が階級闘争の視点をもつ「傾向映画」

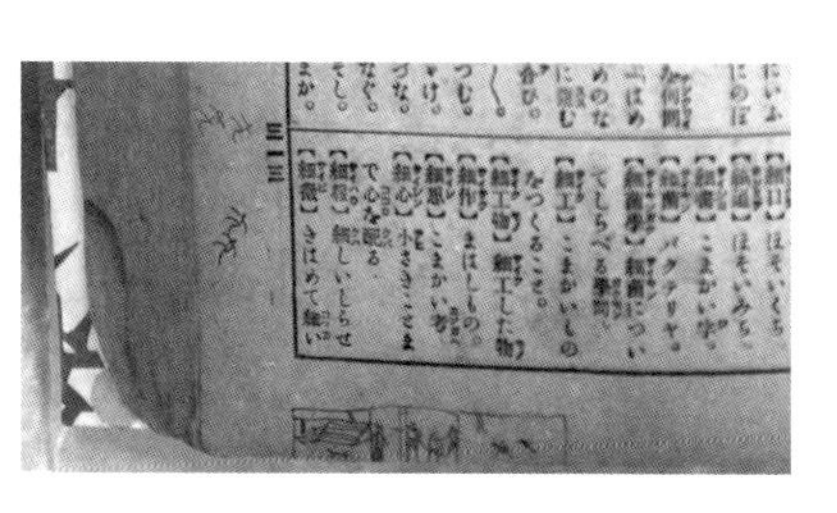

辞書の1ページ（京都文化博物館所蔵）

と呼ばれたのに対し、山中作品はその後に登場した「明朗時代劇」の流れに位置づけられる。ユーモアとナンセンスに満ち、軽妙洒脱でモダンな時代劇だ。

「侍でなくギャングなんです」と映画史家の千葉伸夫さんは指摘する。武士でなくて与太者。ハリウッドのギャング映画さながらの『非常線の女』（１９３３年）を撮った小津安二郎▼のモダンな感覚に通じる。小津がサラリーマンの悲哀を描いた『東京の合唱』（１９３１年）、『生れてはみたけれど』（１９３２年）は「小市民映画」と呼ばれたが、山中作品は「時代劇の小市民映画」とも評された。

そこには１９３１年からの満州事変を経て変化する日本の空気も映っている。傾向映画が隆盛だったのは世界恐慌前後の１９２９、３０年。内田吐夢が『生ける人形』、溝口健二が『都会交響楽』、鈴木重吉▼が『何が彼女をそうさせたか』を撮った。しかし当局の締め付けが厳しくなり、１９３１年には終息する。

１９３１年に勃発した満州事変以後は軍部の暴走が続き、１９３２年の五・一五事件で政党政治は息絶えた。１９３３年には日本が国際連盟を脱退。１９３５年の天皇機関説批判で、自由な言論は封殺された。日本がファシズムへの暗い道を歩んでいたのは確かだ。

小津安二郎（1903-1963）映画監督。23年松竹蒲田入社。27年監督に。初期はナンセンス喜劇を量産。サイレント期の30年代前半『生れてはみたけれど』『出来ごころ』『浮草物語』で名匠の地位を築く。戦後は49年『晩春』で小津調を確立。代表作に『麦秋』『東京物語』など。

鈴木重吉（1900-1976）映画監督。25年松竹蒲田入社。26年『土に輝く』で監督デビュー。帝国キネマに移り、30年に傾向映画の代表作『何が彼女をそうさせたか』を撮る。

ただ、当時の庶民はどう感じていたのだろうか？　我々が教科書で知る歴史の印象と当時の庶民の実感には、えらく落差があるようなのだ。

満州事変後に就任した高橋是清蔵相は低金利、円安、積極財政で、経済を好転させた。軍需景気もあった。なによりこの時期、産業構造が大きく転換し、重化学工業が急速に発展した。日本は他の資本主義国に先がけて世界恐慌を脱した。

「好景気の到来で、生活は楽になった。それで大いに民草は享楽的になりはじめていた」（半藤一利『B面昭和史』）。郊外の人口が急増し、都心にネオンがあふれた。ラジオや蓄音機が普及し、映画もトーキーになった。１９３３年に芸者歌手の勝太郎が歌うレコード『東京音頭』が大ヒット。東京市民は踊り狂った。

「非常時」を高唱する国は、同年夏に関東で防空大演習を実施するが、人々はお気楽だ。「銀座通の表裏いづこも人出おびただしく、在郷軍人青年団其他弥次馬いづれもお祭騒ぎの景気なり」。永井荷風は『断腸亭日乗』にそう書いている。

少年だった作家の安岡章太郎も『僕の昭和史』に「満州事変とシナ事変との間には、ほんの数年間にしろ平和なインターヴァルがあって、それは戦争とは呼べない気がするのだ」と書く。もちろん「嵐の前の、束の間の平穏」（『B面昭和史』）

『丹下左膳餘話　百萬両の壺』（1935年、日活京都、山中貞雄監督）
左膳役の大河内傳次郎㊨とお藤役の喜代三（国立映画アーカイブ所蔵）

にすぎなかったのだが。

１９３２年『磯の源太　抱寝の長脇差』で監督デビューしてからの3年、山中はそんな奇妙に浮かれた時代のただ中にいた。

山中が『百萬両の壺』でお藤役に抜てきした喜代三も、レコードの普及で人気が沸騰した芸者歌手の一人だ。鹿児島で芸者をしていたころに作曲家の中山晋平▼の目にとまり、歌手デビュー。中山が作曲した『東京音頭』の前奏は、喜代三の『鹿児島おはら節』の前奏を借用している。後に喜代三は中山の妻となる。

演技は素人の喜代三だが、鹿児島なまりのセリフと自然なたたずまいに存在感がある。同じ九州の豊前なまりの大河内と絶妙なコンビだ。歌もよい。トーキー時代のリアリズムを山中は誰よりも先取りした。

『百萬両の壺』の気風のよい庶民たちは、しかつめらしい権力を笑い飛ばす。ささやかな幸福を大切にして、明るく平穏な日々の引き延ばしを図る。そこには、きな臭くなってきた時代を生きる小市民の願望が見えはしないか。

中山晋平（1887-1952）　作曲家。大正から昭和前半に歌謡曲、新民謡、童謡などを手がける。『カチューシャの唄』『ゴンドラの唄』『船頭小唄』『東京行進曲』『シャボン玉』など。

II　転換点に降りしきる雪／１９３６年

明るい時代から暗い時代へ。１９３６年の二・二六事件を挟んで撮られた『河内山宗俊』には、その転換点が映っている。降りしきるのは雪。美しい雪である。

『河内山宗俊』制作中に二・二六事件

京都市営地下鉄東西線の終点、太秦天神川駅にほど近い大日本印刷京都工場。大沢商会が１９３３年に開設した「Ｊ・Ｏ・スタヂオ」はここにあった。

トーキー設備を備えた貸しスタジオで、１９３７年にＰ・Ｃ・Ｌ映画製作所などと合併して東宝となるが、当初は日活と提携した太秦発声映画などが根城とした。１９３６年2月5日、山中はここで『河内山宗俊』の撮影に入る。

『街の入墨者』（1935年）に続き、山中が信頼を寄せる河原崎長十郎、中村翫右衛門(かんえもん)▼ら前進座一党が総出演した。ヒロインは15歳の原節子だ。

2月9日にはドイツのアーノルド・ファンク監督が撮影現場を見学に来る。ファンクは原を気に入り、日独合作映画『新しき土』のヒロインに抜てきする。日独防共協定の締結はこの年の11月だ。

撮影は前進座の公演のため、2月下旬から一時中断。この休暇を利用して、山中は東上し、日本映画監督協会の発会式に参加する。

2月25日夜、監督協会設立準備委員会の最後の代表委員会が東京・神田で開かれた。出席者は京都側の伊丹万作、衣笠貞之助、伊藤大輔と、東京側の村田実、牛原虚彦(うしはらきよひこ)▼。牛原の回想（『虚彦映画譜50年』）によると夜半すぎに設立を決定し、帰路は豪雪となった。牛原は帰宅して一風呂浴びて寝ようとしたら、新聞社の友人からの電話で二・二六事件を知らされたという。

反乱部隊が都心を占拠した。ラジオも新聞も報道を禁じられた。麻布に住む永井荷風は「余が家のほとりは唯(ただ)降りしきる雪に埋れ、平日よりも物音なく、豆腐屋のラッパの声のみ物哀れに聞るのみ」と『断腸亭日乗』に書く。

中村翫右衛門（1901-1982）歌舞伎役者。31年河原崎長十郎らと前進座創設。68年の長十郎除名後も前進座を率いる。映画は山中作品で長十郎らと共演。他に小林正樹『怪談』など。

牛原虚彦（1897-1985）映画監督。20年松竹入社。21年、小山内薫が指揮する松竹キネマ研究所の第一作『路上の霊魂』の脚本を書く。同年監督に。蒲田撮影所でメロドラマなどを撮る。

この国を揺るがすクーデターであったが、翌27日には市民生活はほぼ平常に戻ったようだ。劇場や映画館も開いた。「溜池より虎の門のあたり弥次馬続々として歩行す」「銀座通の人出平日よりも多し。電車自働車通行自由なり」（同）と荷風。29日に反乱は鎮圧され、3月1日の日本映画監督協会の発会式は丸の内の東京會館で平穏に開かれた。溝口健二、小津安二郎らとともに山中も出席した。設立挨拶状に名のある23人は山中を除けば30～40代。26歳の山中は、ず抜けて若い。

『河内山宗俊』は3月15日に撮影を再開し、4月30日に公開された。河竹黙阿弥の歌舞伎『天衣紛上野初花』をひねった庶民劇である。山中の翻案は大胆だ。

原作の若い悪党・直侍は、気弱な不良少年・広太郎となり、美しい姉・お浪（原節子）という役を創作した。甘酒屋で生計を立てるお浪は、賭場に出入りする弟を心配している。河内山宗俊（長十郎）は居酒屋の女将のヒモ、金子市之丞（翫右衛門）は町の親分の用心棒。お浪は二人の与太者のマドンナである。

前半は快調だ。広太郎が侍から盗んだ小柄を巡り、体面ばかり重んじる武士を皮肉り、笑いのめす。アウトローの河内山と金子は飲んだくれている。

ところが広太郎の不始末で、お浪が遊郭に売られそうになる後半、ガラリと転

『河内山宗俊』（１９３６年、日活京都＝太秦発声、山中貞雄監督）
左から河原崎長十郎、原節子、中村翫右衛門（国立映画アーカイブ所蔵）

調する。河内山と金子はお浪をかくまい、金策に動く。広太郎を逃がし、お浪を救うために、命を張る。

「わしはな、これで人間になった気がするよ。むだ飯ばっかり食ってきた男だったが、今度はそうじゃないだろう。人のために喜んで死ねるようなら人間一人前じゃないかなあ」

それまで「ただ何となく生きてきた」という金子は寂しげな笑いを浮かべながら、河内山にそう語りかけ、くわえていたようじを折って投げる。

親分たちがお浪に身売りを迫るとき、戸の外に雪が降る。原節子の横顔のクローズアップの向こうに粉雪が舞い、雪の路地で子どもが紙風船をつく。物語の転換点に降りしきる、何と美しい雪だろう。

その雪が二・二六の雪に重なって見える。偶然には違いないけれど。

「バンコクナイツ」で知った義侠心

「タイから帰って『河内山宗俊』を見直したら、身にしみてしまった」

『バンコクナイツ』（2016年）を撮った富田克也監督▼は筆者にそう語った。タイの農村からバンコクに出てきて歓楽街で働く女たちと、日本から流れてきた元自衛隊員のあてどない旅を描くロードムービーである。富田さんは撮影前の数年をタイですごし、バンコクの下町やタイ東北部の農村を歩き回った。

「そこでは人を助けること、人に施すことが当然だということを実感した」と富田さん。まるで河内山と金子ではないか。脚本の相澤虎之助さんも「与太者たちが困っている町娘を助け、最後は命をかける。今の日本では考えにくい話だが、そんな義侠心（ぎきょうしん）みたいなものを、アジアにいると自然に感じる」と言う。

さらに富田さんは語った。「福島第一原発事故後の日本の状況の中で、僕らも意思表示をしなくてはいけないと思った。逃げるばかりでなく、立ち向かう気持ちになれた」と。

1935年『百萬両の壺』の小市民たちは権力を笑い飛ばし、平穏で愉快な日常の継続を選んだ。1936年『河内山宗俊』の前半も、彼らは同様に振る舞う。しゃちほこばった権威をこけにしながら、無頼（ぶらい）に生きる。

しかし後半から義侠心にかられて、理不尽な現実へのコミットメントをはじめ

富田克也（1972–）　映画監督。相澤虎之助らとともに映像制作集団「空族」で活動。2011年、甲府の土木労働者や移民を描いた『サウダーヂ』をロカルノ国際映画祭コンペに出品。

る。1937年『人情紙風船』までの山中の現存3作品を続けて見たとき、『河内山宗俊』の中盤、雪のシーンがターニングポイントに見えてくる。

時代は転換点にあった。

当の山中はどう考えていたのか。実は深刻なスランプを意識していたようなのだ。松竹下加茂の秋山耕作▼監督は1936年晩秋の山中との一夜を回想する。四条小橋の小料理屋「鳴瀬」で飲んだ二人は午前3時すぎに円タクを拾う。

「夜更けの河原町を通って加茂川の堤を走った。そのとき山中やんが、『わいもうあかんね』と、思わず吐息した」（『シナリオ』山中貞雄追悼号）

理由は色々と考えられる。この年、山中は『河内山宗俊』など3本を監督したが、キネマ旬報ベストテンに1本も入らなかった。1932年のデビュー以来初めてだ。「技巧はあるが、思想がない」という批評家の攻撃も激しくなった。

「庶民的だが、社会的なメッセージや展望がないという批判は山中作品につきまとっていた。その一方で当時の若い人に親近感をもたれ、日本映画がリアリズムへと向かう先べんをつけた」と映画史家の千葉伸夫さんは見る。

山中が頼りにしたのは1933年から親交を深めた小津安二郎だった。東京の

秋山耕作（1903-1954）映画監督。東亜キネマを経て28年松竹下加茂入り。冬島泰三監督らにつき、31年『水戸黄門漫遊記 永楽徳太郎』で監督デビュー。30年代の松竹時代劇を支えた。

小津宅をたびたび訪ねた。小津も関西に来ると山中に会った。松竹蒲田の清水宏や松竹下加茂の井上金太郎、鳴滝組の稲垣浩、滝沢英輔らを交えて旅もした。

「宮川、歯ブラシとタオル買うてきてくれ」（『キャメラマン一代』）。撮影助手時代の宮川一夫は、「鳴瀬」で山中によく頼まれたという。23時半ごろの夜行に乗れば、朝には東京に着く。それまで飲む。歯ブラシと手拭いをコートのポケットに入れた山中を、宮川は底冷えする京都駅に送った。

1936年9月も山中は東京に行った。高輪の小津宅に近い品川で内田吐夢、稲垣、滝沢らと小津の新作『一人息子』について語り明かした（岸松雄『山中貞雄軍曹追悼記』）。

『一人息子』はこんな話だ。

信州の製糸工場で働く母（飯田蝶子）は教師（笠智衆）の勧めに従い、女手一つで育てた息子を進学させ、東京に送り出す。13年後の1936年、息子（日守新一）は東京の場末で妻子をもち、夜学の講師をしていた。自身も志を抱き上京した教師はトンカツ屋になっていた。上京した母は落胆し、信州に帰る。技術革新によってすっかり機械化された工場で母は掃除係になっていた。

清水宏（1903-1966）　映画監督。22年松竹蒲田入社。小津安二郎とともにモダンな娯楽作を量産。『有りがたうさん』（36年）、『風の中の子供』（37年）、『簪』（41年）などでロケ撮影に天才的な冴えを見せる。戦後は『蜂の巣の子供たち』（48年）、『小原庄助さん』（49年）など。

井上金太郎（1901-1954）　映画監督。谷崎潤一郎の大正活映に俳優として入社。牧野教育映画に移り監督に。ツキガタプロ、千恵プロを経て松竹下加茂へ。鳴滝で山中貞雄らと交流する。

鳴滝組　京都・鳴滝に住む山中貞雄、稲垣浩、滝沢英輔、荒井良平、土肥正幹、三村伸太郎、八尋不二、藤井滋司の8人の脚本家集団。1934年ごろから「梶原金八」名で合作した。

小市民の心情を描き続けた小津が、近代日本の構造変化に迫った力作である。

翌1937年1月3日の小津の日記に、山中からの来信が引かれている。

「これからの人間　矢張（やはり）東京に出ないと駄目だと一人息子の先生の気持です。PCLでとんかつ作るかも知れませんが兎に角江戸へ出たくてたまりません」

1937年3月、山中は京都を去り、東京のP・C・Lに移籍した。

山中貞雄㊧と小津安二郎（京都文化博物館所蔵）

滝沢英輔（1902-1965）映画監督。東亜キネマで兄・二川文太郎作品の脚本を執筆。マキノプロに移り29年監督に。37年にP.C.Lで『戦国群盗伝』2部作を撮る。54年からは日活で活躍。

宮川一夫（1908-1999）撮影監督。26年日活大将軍入り、35年撮影技師に。大映京都で『無法松の一生』『羅生門』『雨月物語』『おとうと』などを手がける。晩年は『鑓の権三』など。

Ⅲ　暗鬱な予感、懸命な模索／１９３７年

１９３７年８月、『人情紙風船』の完成とともに山中貞雄は日中戦争に出征、帰らぬ人となる。若き天才監督は死を予感していたのか。戦地で何を模索したのか。

『人情紙風船』封切り日に赤紙

人生は苦渋に満ちている。だが、それにしても暗鬱だ。死の影が漂っている。『人情紙風船』。山中貞雄がＰ・Ｃ・Ｌに移籍し、東京で初めて撮った作品であり、遺作である。

歌舞伎の『髪結新三』を下敷きにした長屋ものだ。山中は同じ貧乏長屋に住む浪人・海野又十郎（河原崎長十郎）という人物を創作し、新三（中村翫右衛門）と

『人情紙風船』（1937年、P.C.L、山中貞雄監督）
海野役の河原崎長十郎（©TOHO CO., LTD.）

組ませた。落ちぶれて、内職で紙風船を貼っている侍である。

哀れな男だ。江戸詰めとなった藩の重臣・毛利の姿を町で見つけるや、ぺこぺこと頭を下げる。海野の亡父に恩がある毛利に仕官を願い出ようと、屋敷を訪ねていたが、面会できなかったのだ。

毛利の態度は冷淡だ。つきまとう海野を邪険に扱う。毛利と結託した商人の白子屋は、町の顔役・源七の手勢を使って海野をたたき出す。それでも頭を下げ続ける海野。まるでリストラされて、行き場を失ったサラリーマンだ。

一方、一匹狼の新三は源七親分や白子屋の番頭が気に入らない。腹いせに白子屋の娘をさらう。長屋に取り戻しにきた源七を追い返し、メンツをつぶす。ここは歌舞伎と同じだ。違うのは、新三から娘を預かったのが隣の海野ということだ。

大家と長屋の住人たちは白子屋からせしめた金で酒盛りをする。新三に誘われて海野も酔う。しかし海野の妻は、悪事に手を貸した夫に絶望する……。

山中は盟友の三村伸太郎▼の当初の脚本を大幅に改稿した。三村の脚本は新三と長屋の人々の反逆をエネルギッシュにうたい上げたものだった。海野の毛利への屈従も、妻との悲劇的な結末もない。暗鬱な部分はすべて山中が書いた。


三村伸太郎（1894–1970）　脚本家。松竹下加茂、河合映画、マキノ、帝キネなどで脚本を書く。山中貞雄『雁太郎街道』『河内山宗俊』『人情紙風船』、稲垣浩『海を渡る祭礼』など。

三村はこう証言している。「私はどん底から明るい空を翹望（ぎょうぼう）してゐる人間達を描かうとしてゐるのに山中はことさらに救ひなき現実の世界から猶（なお）計り知れぬ深淵に落ち込ンで行く主人公を描写することに精魂を尽くしてゐるかのやうである」（『映画ファン』１９３９年11月号）。

『人情紙風船』の撮影は１９３７年6月26日から7月27日まで。そのさなかの7月7日、北京郊外の盧溝橋（ろこうきょう）で日中両軍が衝突する。ついに戦争がはじまった。撮影所のスタッフにも赤紙が届きはじめた。7月19日の撮影日誌には「P・C・L小道具係松浪氏　日支事変（日中戦争）にて出兵」とある。源七の子分を演じた市川莚司（えんじ）（後の加東大介▼）は「朝、顔あわせれば、どうした莚司君来たかい。〃いいえ山中さんは〃とどちらが先に動員されるかと話し合っていた」と振り返っている（『シナリオ』山中貞雄追悼号）。

東京の町も戦時色に包まれた。「街頭には男女の学生白布を持ち行人に請（こ）ふて赤糸にて日の丸を縫はしむ。燕京出征軍に贈るなりと云ふ」と永井荷風は7月17日の『断腸亭日乗』に書く。

山中は死を予感していたのか？　それはわからない。ただ新三も海野も「御政

加東大介（1911–1975）俳優。33年前進座入り、山中作品にも出演。戦後は黒澤明『羅生門』『七人の侍』、成瀬巳喜男『おかあさん』などで名脇役として活躍。他に『社長』シリーズなど。

道の厳しい当今」を痛感しながら、自分なりの生きざまを懸命に探る。そこに山中の真情が見えはしないか。

8月25日、『人情紙風船』の封切り日。Ｐ・Ｃ・Ｌでの試写の後、芝生で雑談していた山中に電報が届いた。召集令状が来たとの報だ。「山中はマッチをすってロにくわえた煙草に火をつけようとする。だが、手が震えて、点かない。私と滝沢が手つだって青山の家に帰って出征の準備をした」。助監督を務めた岸松雄▼はそう書いている（『日本映画人伝』）。

8月27日、山中は東京駅を万歳で壮行され、京都の第十六師団に入営した。

この日、荷風は日乗にこう記す。「昏暮銀座に夕飯を喫し、上野を歩む。出征の兵を送るもの停車場前に雑遝す。省線電車に乗るに新宿渋谷五反田の各停車場も兵卒見送人にて雑遝す」

岸松雄（1906-1985）　映画評論家として山中貞雄の第一作『磯の源太　抱寝の長脇差』をいち早く絶賛する。37年に東宝映画に入社し、成瀬巳喜男や山中貞雄の助監督を務める。

従軍記にシナリオ、映画に意欲

山中が戦地に携行した『従軍記』が京都文化博物館に残されている。麻で装丁したノートだ。山中は表紙の片隅に日本映画監督協会のマークを記している。裏表紙には兵士の後ろ姿を描いている。ノートの記述を追ってみよう。

10月7日。京都から神戸に移動。人々が万歳を叫ぶ。「叫ぶ人の悲劇　叫ばれる奴の悲劇／喜劇かも知れない」

10月8日。前進座の面々に見送られ神戸を出航。船中では兵隊たちを観察し、考えたギャグを書きとめている。

10月17日、大沽に上陸。27日に石家荘着。南へ行軍3日。「この辺の新しき土はホコリッぽくて歩きにくい」。この年の映画『新しき土』に掛けたのだろう。

山中のおいで映画監督の加藤泰▼は、『映画監督山中貞雄』で山中の上官らに取材し、中国戦線での足どりをさらに詳細に追った。それによると山中が到着したのは河北省寧晋。ここで第十六師団歩兵第九連隊第一大隊の第四中隊に編入された。

11月1日に南京攻略戦のため、同中隊は寧晋を出発。鉄道で大連へ出て、海路を南下、18日に揚子江岸の滸浦鎮に敵前上陸した。12月9～12日の紫金山での激戦の末、15日南京入り。山中らは南京近郊に駐屯して新年を迎えた。

加藤泰（1916–1985）　映画監督。37年叔父の山中貞雄を頼って上京し東宝入り。記録映画監督を経て、47年大映京都に入るがレッドパージで解雇。51年『剣難女難』2部作で劇映画初監督。東映京都で『瞼の母』『沓掛時次郎　遊侠一匹』『緋牡丹博徒　お竜参上』など。

1938年1月12日、出征中の小津安二郎伍長が山中の宿舎を訪ねる。上海に戦友の遺骨を届けた帰りだった。山中は小津に「帰ったら戦争の映画を作るか」と尋ねた。小津は「わからない。君は？」と聞き返した。山中は笑って「わからない。だがギャグはだいぶたまった」と答えたという。

実際、山中は『従軍記』に、シナリオのメモをいくつも残している。月明かりの華北の原野を貨車に乗った兵隊たちが移動する場面。宣撫班の兵隊が子どもや女や老人ばかりの農村に入っていく場面。唱歌を歌う小学校の教室の外で、兵隊の行軍ラッパと万歳の声が次第に大きくなる場面。

その最後にはこんな記述がある。

「支那の老婆が日向ぼっこして、麦わら細工を縫み乍ら兵隊の行軍を見ている。／軍馬の水をやる、ニイ小輩　五色旗を持つ／空、戦火、黒煙が夕立雲の様　荒れ果てた土の上の烏三羽」

中隊はその後、華北を転戦。徐州会戦が目前に迫った4月18日、山中は『従軍記』に有名な遺書を残す。

「陸軍歩兵伍長としてはこれ男子の本懐、申し置く事ナシ」

山中貞雄が戦地に携行した『従軍記』の表紙（上左）と、「濮陽南門」と記された素描（上右）。（下）中国の戦地でくつろぐ山中貞雄（いずれも京都文化博物館所蔵）

「日本映画監督協会の一員として一言／『人情紙風船』が山中貞雄の遺作ではチトサビシイ／負け惜しみに非ず」

「最後に、先輩友人諸氏に一言／よい映画をこさえて下さい」

徐州占領後は西へ追撃。６月半ばに中国軍は黄河決壊作戦に出る。山中は約１か月、濁水の中を、ほとんどふんどし一丁で格闘したという。７月下旬、急性腸炎のため野戦病院に入院。９月17日、転送先の開封（かいほう）で世を去った。

山中は病床でも映画への意欲を燃やしていた。８月９日の滝沢英輔宛ての手紙には次回作のアイデアを書いた。大河内傳次郎主演の『斬られの仙太』。同じく大河内での西郷か乃木の一代記。さらに前進座による光秀もの。「いっそエノケン（榎本健一）の孫悟空と逃げて満州辺へロケに来てやろか」とまで記す。

一周忌の１９３９年９月、小津は『雁来紅（はげいとう）の記』をキネマ旬報に寄稿した。小津の記述によると、山中は赤紙が届いた翌日の午後、高輪の小津宅を訪ねた。二人はビールで祝杯をあげ、上海戦や携行品の話をしていた。

「小津（おっ）ちゃん、ええ花植えたのう」

気づくと山中は庭を見ていた。８月末の陽光を受け、雁来紅が盛りだった。

小津もその2週間後に召集された。中国戦線で壊された民家の日だまりや路傍で雁来紅を見るたびに「山中と高輪の庭を思い出した」と書いている。

この文章の20年後、小津は『浮草』（1959年）で山中を想起している。

旅の一座が港に着く。座長（中村鴈治郎）は昔の愛人で一子をもうけた食堂の女（杉村春子）を訪ねる。

夏の庭に雁来紅が赤く色づいている。息子の話をしていた鴈治郎と杉村の会話が途切れる。鴈治郎は庭を見てつぶやく。

「ええ花植えたのう」

『浮草』（1959年、大映、小津安二郎監督）（協力KADOKAWA）

エピローグ

山中貞雄の墓は京都市上京区の大雄寺にある。小津安二郎が揮毫した碑も庭先にたつ。関係者とともに毎年9月の山中忌に焼香するようになって久しいが、慌ただしく東京から新幹線で駆けつけて、門前でタクシーを降りたとたんに感じるあの懐かしい空気は何だろう。そう遠くない牧野省三の千本座さえもう跡形もないのに。

それは案外単純なことだと気づいた。映画好きの友人と旧交を温められるからなのだ。京都に住んでいた時は東京の友人と、東京に戻ってからは関西の友人と、久しぶりに会っておしゃべりをする。そう考えてみると、京都の山中が東京の小津や清水宏らとあんなに会いたがり、現に会っていた理由もわかるような気がする。

カンヌやベネチア、あるいは山形といった映画祭に出かけた時に感じる郷愁も同じ種類のものだと思う。飛行機や列車が目的地に近づくにつれて、映画にかかわる人が増えてくる。再会への期待や出会いの予感が心をわくわくさせる。

そういう意味で京都は今も映画人たちを引きつける磁場であり続けている。

太秦の東映と松竹のスタジオはまだ健在だ。第3章で触れたように中島貞夫監督は20年ぶりの劇映画を撮った。京都芸術大学で教鞭をとる鈴木卓爾、福岡芳穂、山本起也の各監督らは学生とともに刺激的な映画を作っている。志摩敏樹プロデューサーが率いるシマフィルムは京都を拠点に製作を続けている。上七軒の家を火災で失った原将人監督は妻の原まおり監督とともに『焼け跡クロニクル』で再起した。

旧大映京都撮影所のスタッフとともに1972年に映像京都を立ち上げた西岡善信さんは、2010年の解散にあたり「(足かけ)39年。大映の歴史より長かった」と語った。大映の歴史は足かけ30年。西岡さんらと彼らが育てたスタッフはテレビ時代劇の一時代を築いた。そして時代はさらに次のフェイズへと移りつつある。

誰もがどこでも映画を撮れるデジタル時代に、京都は磁場であり続けることができるか？　個々の映画作家の果敢な取り組みは、京都が再び前衛の拠点としてよみがえる可能性を示している。そう信じたい。監督をはじめ映画にかかわる一人ひとりの冒険心が京都映画の推進力になったことはすでに本書で述べた通りである。

伊丹万作のペンフレンドであり黒澤明のスクリプターであった野上照代さんには長年にわたり親切な助言と温かい励ましをいただいた。国立映画アーカイブの岡田秀則さん、京都文化博物館の森脇清隆さんの協力がなければ本書は成立しなかった。執筆の機会を与えてくれた日本経済新聞の内田洋一編集委員、淡交社の萩野谷龍悟さんと久保田祥子さん、そして何より快く取材に応じてくださったすべての方々に感謝をお伝えしたい。

関連年表

◉本書で取り上げた5監督に関する出来事と、同時代の世相を対照年表にしています。
◉年表中、5監督の名前は姓のみを表記しています。

西暦	5監督のできごと	世相
1895		○第4回内国勧業博覧会が京都市・岡崎で開かれる ○12月28日、パリでシネマトグラフの世界初興行
1897		○2月、稲畑勝太郎が輸入したシネマトグラフの試写が、京都市・四条河原で行われる ○2月15日、大阪の南地演舞場で、シネマトグラフが日本で初めて商業公開される
1900		○パリ万博から帰った横田永之助が活動写真の巡回上映をはじめる
1901	○牧野と母・弥奈が千本座を買収。劇場経営に乗り出す	
1903		○日本初の常設映画館・浅草電気館開業
1904		○日露戦争開戦。実況映画で巡回上映が活気づく
1905	○牧野と尾上松之助が出会う	

西暦	5監督のできごと	世相
1907		○国内2館目の常設館・千日前電気館が大阪に開業。以後、常設館の開業相次ぐ ○和田三造『南風』
1908	○牧野が横田永之助の依頼を受け、日本初の劇映画とされる『本能寺合戦』を京都市左京区の真如堂境内で撮る	
1909	○山中が京都で生まれる ○牧野『碁盤忠信 源氏礎』で尾上松之助デビュー	
1912	○横田商会、吉沢商店など4社合併で日活設立。牧野が関西撮影所長に	
1915		○『ファントマ』など連続活劇が人気集める
1916	○尾上松之助主演『雷門大火 血染の纏』(監督不詳)	
1917	○旅回りの女形だった衣笠が日活向島撮影所に入る。以後、5年で130本の映画に出演 ○伊丹、松山中学を卒業後、樺太で働く	○ロシア革命
1918	○伊藤、松山中学を卒業。闘病中だった父が死去する ○伊丹、挿絵画家として東京で活動をはじめる	○第1次世界大戦(1914年~)が終わる

年		
1919	○1月、松山で新聞社に勤務する伊藤が、17歳の中村草田男を、帰省中の伊丹に引き合わせる	
1920	○呉の海軍工廠に勤めて演劇に傾倒していた伊藤が、小山内薫を頼り上京。同年設立の松竹キネマ合名社付属の俳優学校に入り、以後『新生』他、シナリオを多数執筆 ○東京で挿絵画家として売れっ子になっていた伊丹の下宿先に、伊藤も同居する。草田男もたびたび訪ねにきた	○国際連盟成立 ○村田実『路上の霊魂』
1921	○牧野『豪傑児雷也』 ○牧野、日活を退社して独立。牧野教育映画製作所を設立	
1922	○牧野『黄金の虎』で、マキノ雅弘が猿の役を演じる ○伊丹、本格的な絵画修業を決意。東京から松山に戻る。回覧雑誌『楽天』の同人・草田男や重松鶴之助らと交流 ○衣笠、日活向島を退社。国際活映巣鴨撮影所へ	○日本共産党結成
1923	○牧野、牧野教育映画製作所をマキノ映画製作所に改組。衣笠を招き、監督に専念させる。金森万象監督、寿々喜多呂九平脚本『佐平治捕物帳之内 浮世絵師 紫頭巾』を製作 ○伊丹、重松と再上京し絵画修業を続ける	○9月1日に関東大震災。多くの映画人が京都に移る
1924	○伊藤、帝キネ芦屋撮影所で『酒中日記』を初監督	○城戸四郎が松竹蒲田撮影所長に。明るくモダンな「蒲田調」を生み出す

西暦	5監督のできごと	世相
1925	○牧野総指揮、阪東妻三郎主演『雄呂血』 ○伊藤が、伊藤映画研究所を設立。直木三十五と組んで翌年には『京子と倭文子』『日輪』を撮るが、資金難に陥る	○治安維持法、普通選挙法が成立 ○ラジオ放送がはじまる
1926	○衣笠、川端康成、横光利一らが「新感覚派映画連盟」を結成し、衣笠『狂った一頁』(脚本川端)を製作 ○伊藤、日活大将軍撮影所に入り、大河内傳次郎と出会う。『長恨』で主演に抜てき ○挿絵稼業に行き詰まった伊丹が、重松に誘われ松山に帰る。おでん屋をはじめるも、翌年には経営失敗 ○牧野『黒髪地獄』で市川右太衛門を売り出す ○衣笠、衣笠映画連盟を作り松竹下加茂で時代劇を量産。27年には林長二郎を売り出す	○尾上松之助死去 ○重松鶴之助『閑々亭肖像』
1927	○無一物になった伊丹が、京都の伊藤の家に転がり込む ○伊丹作の油絵『市河夫妻の像』が第1回大調和展に入選 ○伊藤『忠次旅日記』3部作 ○山中、マキノ・プロダクションに入社 ○牧野、嵐長三郎と片岡千恵蔵を売り出す	○金融恐慌
1928	○伊藤『新版大岡政談』 ○5月、伊丹が新設の片岡千恵蔵プロダクションに入る。伊藤の伊をとった筆名「伊丹万作」ができる。万作脚本『天下太平記』にはじまる「明朗時代劇」が作られる	○二代目市川左團次一行が海外初の本格的な歌舞伎公演。モスクワで『仮名手本忠臣蔵』を上演し、エイゼンシュテインと衣笠も鑑賞

年	映画	社会
	○6月、衣笠が野心作『十字路』を携え渡欧。ソ連滞在中にプドフキン、エイゼンシュテインらと交流する。ベルリンでフリッツ・ラングの撮影現場を見学する ○牧野渾身の大作『忠魂義烈 実録忠臣蔵』の大部分が火事で焼失。スターが相次ぎ脱退し、大打撃を受ける。ノースターの群像劇『浪人街 第一話 美しき獲物』（監督マキノ正博） ○山中、嵐寛寿郎プロに移り、脚本を書く。29年には嵐寛の座付作家の地位を確立	
1929	○2月、パリで『十字路』が公開される。5月、ベルリンでは「ヨシワラの影」の題名で公開 ○7月25日、牧野死去。御室撮影所で盛大な葬儀 ○伊藤『一殺多生剣』『斬人斬馬剣』	○10月、ニューヨーク証券取引所で株価大暴落。日本も深刻な不況に悩まされる（世界恐慌） ○この年から翌年まで「傾向映画」が盛んで、内田吐夢が『生ける人形』、溝口健二が『都会交響楽』、鈴木重吉が『何が彼女をそうさせたか』を撮る
1931	○前年から争議を繰り返していたマキノ・プロダクションが解散。マキノ雅弘が負債を背負う ○伊藤『御誂次郎吉格子』	○9月の柳条湖事件が発端となり、満州事変が発生 ○12月、犬養毅内閣成立。高橋是清蔵相が低金利、円安、積極財政などで経済を好転させる ○初の本格的トーキー、五所平之助『マダムと女房』
1932	○伊丹『国士無双』 ○山中、『磯の源太 抱寝の長脇差』で監督デビュー	○五・一五事件。政党政治が終わる ○小津安二郎『生れてはみたけれど』

西暦	5監督のできごと	世相
1933	○山中『盤嶽の一生』。10月に小津安二郎と知り合う	○3月、日本が国際連盟を脱退 ○レコード『東京音頭』が大ヒット
1934	○1月、山中、小津、清水宏らと湯河原、横浜で遊ぶ ○山中、稲垣浩らが脚本家集団「鳴滝組」結成	
1935	○山中『丹下左膳餘話 百萬両の壺』	○天皇機関説批判で、自由な言論が封殺される
1936	○伊丹『赤西蠣太』 ○山中『河内山宗俊』 ○9月、山中が上京し、稲垣浩、内田吐夢らと小津の『一人息子』について語り明かす	○二・二六事件 ○日本映画監督協会が発足 ○日独防共協定が結ばれる ○溝口健二『浪華悲歌』『祇園の姉妹』
1937	○伊丹、アーノルド・ファンク『新しき土』 ○3月、山中が京都を去り、東京のP・C・Lに移籍する ○8月、『人情紙風船』の完成とともに山中が日中戦争に出征	○7月、盧溝橋で日中両軍が衝突し日中戦争がはじまる ○P・C・L、J・Oなどが合併し東宝映画（現・東宝）設立
1938	○1月12日、出征中の小津安二郎が、南京近郊に駐屯する山中の宿舎を訪ねる ○9月17日、山中が河南省開封で戦病死 ○伊丹、病に伏す。以後8年間、シナリオを書き続ける	○国家総動員法施行 ○画業を捨て左翼活動に入っていた重松が獄中死

年		
1941		○12月から、アジア太平洋戦争（45年8月まで）
1943	○伊丹脚本『無法松の一生』（監督稲垣浩）	
1946	○8月、伊丹が論考『戦争責任者の問題』を発表 ○9月21日、伊丹歿す	
1948	○伊藤『王将』	
1953	○日本初のイーストマン・カラー作品、衣笠『地獄門』	
1961	○伊藤『反逆児』	

〈参考文献一覧〉

秋山耕作「生きている山中」『監督山中貞雄』実業之日本社、１９９８年
磯田啓二『熱眼熱手の人』日本図書刊行会、１９９８年
板倉史明「『伊藤話術』とはなにか　伊藤大輔論序説」Cine Magazi Net! no.3、１９９９年
伊丹十三『女たちよ！男たちよ！子供たちよ！』文藝春秋、１９８４年
伊丹万作「新時代映画に関する考察」「戦争責任者の問題」『伊丹万作全集1』筑摩書房、１９６1年
伊丹万作「私の活動写真傍観史」「静身動心録」『伊丹万作全集2』筑摩書房、１９６1年
伊丹万作「彼とカツドー」『「映画読本」千恵プロ時代』フィルムアート社、１９９７年
市川莚司「追悼」『監督山中貞雄』実業之日本社、１９９８年
伊藤大輔『伊藤大輔シナリオ集Ⅰ〜Ⅳ』淡交社、１９８５年
伊藤大輔『時代劇映画の詩と真実』キネマ旬報社、１９７６年
伊藤大輔「初・終」『伊丹万作全集2　月報』筑摩書房、１９６１年
伊藤大輔「万作と猫と絵と私」『「映画読本」伊藤大輔』フィルムアート社、１９９６年
牛原虚彦『虚彦映画譜50年』鏡浦書房、１９６８年
大江健三郎「モラリストとしての伊丹万作」『伊丹万作エッセイ集』筑摩書房、２０１０年
大江ゆかり「父のこと」『伊丹万作全集1　月報』筑摩書房、１９６１年
大河内傳次郎「山中貞雄の側面」『監督山中貞雄』実業之日本社、１９９８年
太田米男、牧由尚、松尾好洋「幻の『一殺多生剣』発見！とその復元：第八回京都映画祭復元部門報告」『映画テレビ技術』２０１３年1月号
小津安二郎『全日記小津安二郎』フィルムアート社、１９９３年
小津安二郎「手紙」「雁来紅の記」『監督山中貞雄』実業之日本社、１９９８年
尾上松之助「尾上松之助自伝」『日本の芸談　第6巻　映画』九藝出版、１９７９年
加藤泰『映画監督山中貞雄』キネマ旬報社、１９８５年
川端康成「狂った一頁」『川端康成全集　第2巻』新潮社、１９８０年
川端康成「入京日記」『川端康成全集　第26巻』新潮社、１９８２年
川端康成「『狂った一頁』撮影日記」『川端康成全集　第33巻』新潮社、１９８２年
岸富美子『私の映画史』私家版、２０１０年
岸松雄『日本映画人伝』早川書房、１９５３年
岸松雄「山中貞雄軍曹追悼記」『監督山中貞雄』実業之日本社、１９９８年
北川冬彦「映画の人伊丹万作」『伊丹万作全集3』筑摩書房、１９６１年
衣笠貞之助『わが映画の青春』中央公論社、１９７７年
桑野桃華編『日本映画の父（マキノ省三伝）』マキノ省三伝発行事務所、１９４９年
神津陽『時代劇の父・伊藤大輔』ＪＣＡ出版、２００８年
古川千家「挿絵画家時代の伊丹万作の仕事」『愛媛大学法文学部論集人文学科編』２００８年
古川千家「サイレント漫画あるいは運動の表象：伊丹万作の漫画について」『愛媛大学法文学部論集人文学科編』２０１１年
佐伯知紀「『伊藤大輔』伝1〜4」『映画撮影』２２２〜２２４・２２６、２０１９〜２０年

洲之内徹「ある青春伝説」『気まぐれ美術館』新潮社、１９７８年
千田是也『もうひとつの新劇史』筑摩書房、１９７５年
高梨光司編『稲畑勝太郎君伝』稲畑勝太郎翁喜寿記念伝記編纂会、１９３８年
滝沢一「衣笠貞之助論」『キネマ旬報』１９５５年1月上旬号
滝沢一「牧野省三評伝　その人と業蹟」『回想・マキノ映画』マキノ省三先生顕彰会、１９７１年
田島良一「初期松之助映画の表現構造」『日本大学芸術学部紀要』１９８８年
田島良一「時代劇の誕生と尾上松之助」『日本大学芸術学部紀要』１９９５年
田島良一「牧野省三研究　桑野桃華編『日本映画の父（マキノ省三伝）』補遺」『日本大学芸術学部紀要』２００６年
田中純一郎『日本映画発達史Ⅰ』中央公論社、１９７５年
田中純一郎『日本映画発達史Ⅱ』中央公論社、１９７６年
千葉伸夫編『監督山中貞雄』実業之日本社、１９９８年
千葉伸夫『評伝山中貞雄』平凡社、１９９９年
町立久万美術館編『生誕１００年　重松鶴之助　よもだの創造力』２００３年
町立久万美術館編『万作と草田男』２００８年
冨田美香「マキノ映画時代劇」『時代劇伝説』森話社、２００５年
永井荷風『新版断腸亭日乗第3、4巻』岩波書店、２００１年
中村草田男『中村草田男集　現代俳句の世界6』朝日新聞社、１９８４年
中村草田男「夜桜――池田の結婚」『風船の使者』みすず書房、１９７７年
中村草田男「歿後十年」「松山の友人たち」「伊丹万作の思い出」『中村草田男全集11』みすず書房、１９８７年
中村草田男『大虚鳥』みすず書房、２００３年
中村草田男「池内君子宛草田男書簡」『萬緑』２０１1年8月号
中村隆英『昭和史（上）』東洋経済新報社、２０１２年
中山信子「『十字路』の１９２９年パリでの評価」『早稲田大学演劇博物館紀要』２０１２年
野上照代『天気待ち』文藝春秋、２００１年
野尻抱影「伊丹万作君（映画人以前）」『野尻抱影の本３』筑摩書房、１９８９年
芳賀徹『絵画の領分』朝日新聞社、１９８４年
筈見恒夫「評伝・衣笠貞之助」『キネマ旬報』１９５５年1月上旬号
長谷憲一郎「日本における稲畑勝太郎のシネマトグラフ事業再考」『映像学』２０２０年
花田清輝「庶民の眼と非暴力」『ものみな映画で終わる』清流出版、２００７年
半藤一利『昭和史１９２６―１９４５』平凡社、２００９年
半藤一利『Ｂ面昭和史１９２６―１９４５』平凡社、２０１６年
マキノ雅弘『カツドウ屋一代』栄光出版社、１９６８年
マキノ雅広『映画渡世・天の巻』筑摩書房、１９９５年
碧川道夫述、山口猛編『カメラマンの映画史』社会思想社、１９８７年
宮川一夫『キャメラマン一代』ＰＨＰ研究所、１９８５年
安岡章太郎『僕の昭和史』新潮社、２００５年
山中貞雄『山中貞雄作品集　全一巻』実業之日本社、１９９８年
山本喜久男『日本映画における外国映画の影響』早稲田大学出版部、１９８３年

［著者］

古賀重樹

（こが しげき）

1961年福岡市生まれ。85年、日本経済新聞社に入社。文化部、流通経済部、大津支局長、文化部次長、京都支局長などを経て、2010年から編集委員。
著書に『1秒24コマの美』（日本経済新聞出版社、2010年）がある。

時代劇が前衛だった
牧野省三、衣笠貞之助、伊藤大輔、伊丹万作、山中貞雄

令和4年10月22日　初版発行

著　者　古賀重樹
発行者　伊住公一朗
発行所　株式会社 淡交社
〔本社〕〒603-8588 京都市北区堀川通鞍馬口上ル
営業 075-432-5156　編集 075-432-5161
〔支社〕〒162-0061 東京都新宿区市谷柳町39-1
営業 03-5269-7941　編集 03-5269-1691
www.tankosha.co.jp
ブックデザイン　浜田佐智子
印刷・製本　亜細亜印刷株式会社

ISBN978-4-473-04523-2